友と敵の脱構築

感情と偶然性の哲学試論

西島　佑　著
Yu Nishijima

晃洋書房

はじめに

「敵」を名指す声がきこえる。敵意をもった怒声が。「友」を求める声もきこえる。「友」とともに「敵」と闘争しようと呼びかける声が。「友」と「敵」の関係はどこにでもある。右翼と左翼、ナショナリズムとグローバリズム、マジョリティとマイノリティ、単一主義と多文化主義、国家と国家、民族と民族、男性と女性、異性愛者とＬＧＢＴ、ホスト社会と移民・難民などがそうだ。

本書は、「友」と「敵」の関係を否定ないし動揺させる哲学の探求である。といっても本書は、「現実」にある友敵関係とみなされるものの仮説―検証を研究として行うといった類のものではない。というのは、友敵関係とは、人間の思考の癖のようなものから形成されるためだ。わたしが論じようとしているのは、そうした自らの思考の癖をどのように突破できるのかである。

本書は哲学書である。だから多くの固有名が出てくる。ジャック・デリダ、リチャード・ローティ、カール・シュミット、シャンタル・ムフ、バールーフ・デ・スピノザ、エマニュエル・レヴィナス、森田亜紀、エーリッヒ・フロム、アントニオ・ネグリ、マイケル・ハート、ジル・ドゥルーズ、ジグムント・バウマン、九鬼周造《くきしゅうぞう》、ジョン・ロールズ、東浩紀《あずまひろき》などである。だが、本書はかれらの思想を解明しようとしているわけではない。いいかえれば、本書は「哲学研究」でもない。本書はかれらの思想を受けて展開する独自の哲学の試みである。

目次

終　章——偶然性と必然性……103

引用について

本書が引用する文献は、日本語をはじめ主にフランス語、ドイツ語、英語のものとなっている。日本語はそのまま引用するとして、それ以外の言語の引用は次の方針に基づいている。

- 原文のイタリック体の箇所は太字にする。
- 英語のダブルクォーテーションなど、各言語の引用符は「　」にする。
- 原著の強調は、◯、◯、◯、のようにする。引用者である西島による強調は傍線で行う。
- 引用する文そのものに原文引用がある場合、西島による引用と区別がつかないので、原著の原文引用はブラケット［　］、西島による原文引用はパーレン（　）としている。

引用は、日本語訳を確認できたものは参照させていただいている。ただし多くの場合、筆者の責任で訳を変えている。訳書とくらべて、筆者があまりにも訳文を変えすぎていると判断した箇所は、責任を明確化するため、あえて日本語訳の引用ページは載せていない。すべての訳者に深謝する。

第一章——「友」と「敵」の思想

「友」と「敵」とはなんだろうか。「友」と「敵」といったメタファーをもちだすことに戸惑いを覚える方もいるかもしれない。第一章では、こうしたメタファーに具体的なイメージをもたせるために、近年の「右翼」と「左翼」の対立について少しだけ述べておきたい。「右翼」と「左翼」の対立は、友敵関係の一つとして、わかりやすい例だと思われるからだ。

本章の後半では、少し抽象度を上げて、「友」と「敵」の思想を展開したカール・シュミットとシャンタル・ムフについて述べる。本書の「友」と「敵」というメタファーは、かれらの議論を受けて採用している。

1節 「弱者」という自己認識の右翼

現在、「右翼」的とされるものが拡大している。たとえば日本語のインターネット上では、「ネット右翼」とよばれる個人・集団の存在が指摘されるようになってひさしい。「ネット右翼」とは、ネット上で韓国や中国、在日コリアンに敵意をもった発言をする人たちのことだ。二〇一〇年前後からは、ヘイトスピーチを行う「在日特権を許さない市民の会」をはじめとした排外主義団体もよく知られるようになった。アメリカの方をみてみると、二〇一六年には、公的に「アメリカ・ファースト」をかかげるトランプ政権が誕生し、そのネット上の支持者として「オルタナ右翼」(alt-right)の存在が知られるようになった。ヨーロッパでは、二〇〇〇年代から福祉排外主義や右翼政党が勢力を拡大しているが、その勢いは二〇一〇年代から増している。

こうした事態は、「右翼化」「ポスト真実」「反知性主義」「ポピュリズム」などとよばれている。呼び方がなんであれ、移民や難民、なんらかのマイノリティを敵視し、自分たちの「同胞」と思える者だけに福祉を提供すべきだとし、「左翼」を憎み、多くは近代につくられた価値(たとえば「伝統的家族」といった価値)の保持を訴える言説が目立つようになっていることは否めない。本書では、こうした立場・人々・言説のことを便宜的に「右翼」とよぶこととしたい。

右翼こそが弱者?

右翼には奇妙な点もある。右翼的な言説を行う人々は、世界的に優勢となっているにもかかわらず、「自分たちこそが弱者であり、攻撃されている」といったイメージをもっているのだ。たとえば、著述家でオルタナ右翼の中心人物の一人としてあげられているジャレッド・テイラーは、「白人が少数民族になり、国全体が変わることに抵抗するのは当然だ」(1)と述べる。アメリカでは「ヒスパニック」をはじめとした移民の流入があり、「人種」の構成比が将来変わることが予想されている。だがテイラーによると、「左翼」的な人々は、それを多文化主義といった観点から擁護さえする。テイラーによれば、オルタナ右翼は、人種論を掲げながらそうした多文化主義に「抵抗」しているという。ここで指摘したいのはテイラーの発想の是非ではなく、彼が自分たちこそが弱者であり「抵抗している」というイメージをもっていることである。

日本での例もみてみよう。二〇一七年六月二日に一橋大学が、作家の百田尚樹を招待した講演の中止を発表した。これについて百田は、ツイッター上で「この国は、市民団体を標榜する組織による、言論弾圧がひどいです。そして、そういう組織のすべてはサヨク系の団体です」（二〇一七年六月二日のツイート）と述べている。ここで注目していただきたいのも、百田の発言の是非ではなく、百田が「サヨク」に攻撃されているという被害者意識をもっていることだ。この意識が妥当であるかはともかく、ネット上では、こうした被害者意識に共感する声は少なくなかった。

新興の右翼が被害者意識をもつ傾向は、特にアメリカで注目されている。たとえば保守系著述家であるベン・シックスミスは、「オルタナ右翼の相当部分は、社会正義左翼に対する反応として発生した」[2]と述べる。「先に登場したのは社会正義左翼の方だ。社会正義左翼とは、反人種差別的で、フェミニスト・ＬＧＢＴ的な関心を融合させたものであり、特定の一貫したイデオロギーや政治運動ではなく、共産主義者やリベラルも含まれている」。アメリカでは、このようにとらえる傾向が少なくない。[3]

市民団体の意見もきいてみよう。アメリカの反人種差別の非営利団体「南部貧困法律センター」（Southern Poverty Law Center, SPLC）では、オルタナ右翼を次のように定義している。

「alt-right」として一般に知られているオルタナティブ右翼とは、「白人のアイデンティティ」が「政治的正しさ」（political correctness）と「社会正義」をかざした多文化勢力によって攻撃されており、白人と「かれらの」文明は弱体化させられているという信念を中心的にもつ個人あるいは集団のことである。[4]

新興の右翼へのこうした理解はヨーロッパでもみられる。たとえばカミュとルブールは、新興の右翼勢力をリベラル・左翼の文化覇権に対抗する「グラムシ右派」と表現している。[5]

このような見解をみていくと、新興の右翼とは、先に社会的正義や政治的正しさをかかげる「左翼」的な言説がたちあがり、その反発的な反応として発生したことになる。もしそうであるならば、「左翼」側に生じた変化こそ、この状況を解き明かすカギとなるかもしれない。

2節 「左翼」の変化

「左翼」とはだれのことなのだろうか。「左翼」というと、一九世紀の第一・第二インターナショナルや、マルクス＝レーニン主義、ソ連あるいは第三インターナショナル、一九五〇年代後半に生まれた新左翼といったことを思いうかべる方もいるかもしれない。だが、ここで述べるのはそれらではない。

ここで「左翼」とは、前節のイメージを受けて、なんらかのマイノリティや「抑圧されている者たち」を擁護しようとする人々や主義・主張のこととしたい。アメリカでは、公民権運動後の七〇年代にマイノリティのアイデンティティを積極的にとらえなおす「差異の政治」や「アイデンティティ・ポリティクス」がはじまった。この流れは、とりわけて冷戦が崩壊した九〇年以降に共産主義を掲げることが明確にむずかしくなったことで、より多くの人々の支持を得るようになっている。かれらは、「アイデンティティの構築性」や「多様性の擁護」を民主主義とくみあわせることにしたのだ。

そのなかで精力的かつ明確に新たな左翼思想を展開したのは、政治哲学者のシャンタル・ムフとエルネスト・ラクラウだろう。[6] ムフは「民主主義的な政治」を次のように規定している。

> 政治、とくに民主主義的な政治は、対立や分裂を決して克服できない。〔……〕政治の目的は「かれら」と対立する「われわれ」を構成することなのだ。民主政治に固有のものは、「われわれ・かれら」の関係を克服す

ることではなく、対立から導かれるのである。(7)

ムフは、民主主義的な政治そのものを「われわれ」と「かれら」による対立によってとらえようとしている。なぜ「対立」なのだろうか。政治や民主主義を「連帯」や「統合」から考えてはいけないのだろうか。ムフは次のようにこたえるだろう。

われわれが、あらゆるアイデンティティは相対的であり、アイデンティティの存在の条件をつくりあげるのは差異を肯定することであり、「構成的外部」の役割をはたす「他者」の決定であることを受けいれるとき、どのようにして敵対関係が生じるのかを理解できるようになる。集団的アイデンティティを構成する領域において問題となるのは、かれらを画定することで、われわれをつくりあげていくことだ。この「われわれ／かれら」の関係は、常に「友／敵」（friend/enemy）型の関係へと変質する可能性がある。換言すれば、それはシュミットが理解していた用語としての政治的な関係になりうる。これが起きるのは、それまで差異の様式としてのみ考えられていた他者が、われわれのアイデンティティを否定するか、われわれの存在そのものを問題にするときだ。(8)

アイデンティティは構築的であり、それが集合的につくられる際に「かれら」を必要とする。そして、その「かれら」と異なる存在として「われわれ」がつくられる。ムフによると、対立関係は「かれら」が「われわれ」を否定するときに生じる。たとえば同性愛者のようなアイデンティティが集団としてつくられるとき、それを認めない人々は「かれら」から「敵」となり、「われわれ」は「友」となることで友敵関係が成立する。(9)「われわれ」のアイデンティティが「抑圧された者」として構築されるのであれば、「敵」は「抑圧する者」として見定められる。

民主主義的な政治が友敵関係としてしか見いだせないのであれば、中立的な合意はありえないことになる。なぜならば、友敵関係にある者たちが合意することとは、とりわけて「弱者」にとって暴力的となるからだ。真に「中立」などありえないし、「中立的な合意」とは、実のところ「強者」が「弱者」を押さえつけるものでしかない。ムフはそのように考える。

自ら「左翼」と名乗る人々のこうした方向性が二〇世紀後半の多様性・多元性の擁護——その多くは「抑圧されている者たち」の擁護——となっている。当人らの自己理解を受けいれて、本書では、こうした人々を「左翼」とよぶこととしたい。二一世紀の現在からみると、どうやら先に変質したのは左翼であり、民主主義を友敵関係として高々と宣言するようになったのである。

わたしは、こういった哲学者たちの議論によって社会が変わったなどといいたいわけではない。実際には、無数の要因があるに違いない。だが、現代の社会的分断が構築されてきた経緯を理解する上で、このような議論の展開をおうことは、まったく無意味だとも考えられない。政治哲学におけるこうした経緯は、社会的分断を象徴的にあらわしているように思われる[10]。

多様性擁護と文化的反動

ノリスやイングルハートらの著書『文化的反動』(*Cultural Backlash*)[11]では、新興の右翼的なものの台頭を経済的貧困と「文化的反動」に認めている。同書によると、アメリカで大卒以上の学歴をもつ者は、一九七〇年ごろから少しずつ多様性教育をうけており、ポリティカル・コレクトネスを身につけはじめている。アメリカでは、七〇年代から差異の政治の影響を受けて、主に大学で多様性教育が取りいれられた。だが低学歴・低所得の「白人層」、つまり大学にいっておらず、経済的に裕福というわけではないが、ポリティカル・コレクトネスが社会的にうけいれられていく以前に文化的多数派の特権を享受していた人々は、この流れに取り残されているという。こうした人々にとって、ポリティカル・コレクトネスとは、自分たちの価値観を否定するものである。だからこそ、ポリティカル・コレクトネスを無視するトランプの発言は、左翼の反感は買うが、こうした人々には支持される。

アメリカにおける政党支持者についての研究によると、近年では、自分とは対立する党派の人を「敵」とみなす考え方が強くなっている。[12] 飯田は、「ネガティブな党派性」とよばれるこの作用をトランプ的なものの「必要条件」とし、「感情温度」とよばれる好感度の推移によって検証している。[13] それによると、自分の所属していない党派への好感度が八〇年代とくらべて下がっているとしている。こうした研究からも、「友」でない者を「敵」とみなす認識様式を確認することができる。

これらはアメリカの話であるが、友敵関係とよべるものは、日本やヨーロッパにも見いだせるだろう。移民や難民、マイノリティの権利擁護は、右翼にとっては「自分たちのもの」と思っている社会を壊していくものとされている。そしてなによりも、こうした人々にとって、かれらが保持したいと考える価値の殲滅《せんめつ》を狙っているのが「左翼」というわけなのだ。左翼と右翼の対立、差異の政治の擁護者と反発者の対立は、互いに互いを「敵」と認識している。

3節　「友」と「敵」の政治哲学

世界を「友」と「敵」からとらえる二項対立的な考え方は、新しいものではない。たとえばゾロアスター教の善悪二元論、ヨハネの黙示録におけるキリスト教徒と非キリスト教徒との最終戦争なども二項対立的といえる。日常的にも、たとえば、なんらかの共同体の「内」と「外」をまるで友敵関係のように語ることはいくらでもある。友敵関係はありふれたものといえる。

本節からは、右翼と左翼の話を離れて、世界を友敵関係として理解することを提起した現代的な思想を見てみたい。その思想の提唱者は、二〇世紀前半にドイツの公法学者であったカール・シュミットである。友敵関係の思想を追うことで、現状の友敵関係がなにを意味するのかを判断することができるだろう。

シュミットは、『政治的なものの概念』(*Der Begriff des Politischen*, 1932)のなかで、次のように述べている。

> 政治的な行動や動機を導く、特有の政治的な区分とは、友と敵(Freund und Feind)という区別である。[14]

シュミットによると、人々が「政治的」と感じるのは、「友」と「敵」とに分かれて闘争するときであるという。たとえば共産主義者にとって「敵」は資本主義の擁護者である。戦争を批判する平和主義者ならば友敵関係を否定しているように思われるかもしれない。しかし、シュミットによると、そこでも実際には非平和主義者が「敵」として見いだされ、友敵関係を形成しているという。[15] シュミットにとっては、友敵関係として認められない関係性は「政治」ではない。彼は、「政治」という概念を意味内容によって定義するのではなく、「友」と「敵」という形式に分かれて闘争することだと述べているのだ。前述したムフの政治哲学は、このシュミットの友敵理論を受け継いでいる。

これまで政治学では、さまざまに「政治」の定義がなされてきたが、いまこの時代においてシュミットの「政治」概念ほど、人々の実感にかなった定義があるのだろうか。右翼にとって「敵」とは、難民や移民、イスラム教徒であったり、日本では「韓国」や「中国」であったりする。そしてなによりも「左翼」こそが「敵」のイメージとしてとらえられている。[16]

だが、忘れてはならないのは、友敵関係をつくるのは右翼だけではないことだ。なんらかのマイノリティの支持者・擁護者らは、「国民国家・人種・異性愛的な性」等を自明なものとしてうけいれている人々を「敵」とする。かれらにとって「敵」とは、「抑圧者」であり、権力を行使する存在である。もちろん、ここで述べている「右翼」「左翼」は、曖昧な概念であるし、具体的な主義・主張にも地域や言語によって違いがある。だが、かれらがもつ二項対立的なとらえ方そのものには共通性がある。

「市民社会」や「公共性」という言葉がある。こうした概念に「対立を緩和していく」というイメージをもつ人もいるだろう。たとえばハーバーマスが述べる「人々が理性的な対話によって対立する要求を調和させる」といった議論がそうである。こうした理想は、二〇世紀末の少なくない諸国では夢みることができたのかもしれない。だが、現代ではこうした公共イメージをもつことはむずかしい。現代は、むしろ「友」と「敵」で人々が分断し、終わりなき闘争を繰り広げるシュミット的な公共性を見いだせる。このような状況のもとでは、ハーバーマスのような公共空間を対話から考えるといった議論を素朴に支持することは困難だろう。

友敵関係のむかう先

友敵関係をつづけることにどのような意義があるのだろうか。これを考えたのがムフの「ラディカル・デモクラシー論」である。ラディカル・デモクラシー論とは、前述してきたように、「友」と「敵」による闘争によって社会の矛盾をあぶりだし、「リベラル・デモクラシー」における（暴力的な）「包摂」に抗い、打破しようとする考え方のことだ。ここでムフが述べる「敵」と、シュミットが述べる「敵」は異なるものとされることが多い。

シュミットは文字通り物理的暴力すらともなうことがある「敵」の殲滅を訴えるが、ムフは「敵」の殲滅は訴えない。[17]ムフの想定する友敵関係とは、くだけた表現でいうと、不満をもつ集団同士が闘争を「ネタ的」に行うことで、めぐりめぐって社会の暴力性だとか、矛盾だとかをあぶりだせるというものである。敵を殲滅するような物理的暴力を認めるわけにはいかないが、敵意と言葉をつかった闘争をつづけることが重要であるということだ。具体的には、ムフが擁護する左派ポピュリズムの戦略を思いうかべるとよいだろう。しかし、「敵」のイメージがあるなかで、本当にこうした闘争はネタ的でありつづけることができるのだろうか。

近年では、左翼側の物理的暴力をともなう事件がつづけて起きている。たとえば二〇一七年八月には、アメリカのヴァージニア州のシャーロッツビルに集まった「白人至上主義」団体と、デモに抗議する側とのあいだで死傷事件が生じた。この事件は、右翼団体が、一方的に左翼団体に物理的暴力をくわえたわけではない。二〇一七年以降は、こうした左右対立に物理的暴力が生じる事件が多発している。

ラディカル・デモクラシー論は、ムフの想定を超えた友敵関係――シュミットが想定したような友敵関係――となりつつあるように思われる。本当にムフが述べるようなネタ的な友敵関係は可能なのだろうか。友敵関係の世界を生きる者は、むしろ「なぜ、われわれを抑圧する奴らを配慮しなければならないのか」と考えてしまうのではないだろうか。

哲学者のデュットマンは、シュミットを論じながら、敵対をつづけることで「ラディカル化」すると述べる。[18]デュットマンの言い方は少しややこしいので、わたしなりに要約すると、ラディカル化とは、ネタ的な友敵関係がベタになるということである。物理的暴力をつかわず、ネタとしてやっていた友敵関係でも、つづけていくうちに、本当に「敵」の殲滅を求めるようになってしまうということだ。ムフのような社会的矛盾のあぶりだしのためであれ、民主主義のためであれ、なんであれ、闘争・対立を続けていくことは、やがては敵意をもった友敵関係となってしまう。そうだとすると、ラディカル・デモクラシー論は、シュミットが述べた友敵関係となってしまうのではないだろうか。

4節　本書における「友」と「敵」

本章では、右翼と左翼の対立を中心に「友」と「敵」の思想を述べてきた。だが、わたしが述べる「友」と「敵」とは、右翼と左翼の対立に限定するわけではない。本書で述べていく友敵とは、たとえば民族と民族、男性と女性、異性愛者とＬＧＢＴ、マジョリティとマイノリティの関係を敵対する二項対立としてとらえる世界観のことをいう。強固に形成されている友敵関係をいかにして動揺させることができるのだろうか。次章では、本書の主題である「友」と「敵」を動揺させることについて導入的に述べてみたい。

第二章——脱構築と感情——「友」と「敵」を動揺させるもの

「友と敵を動揺させる」とはなにを意味するのか、ここで導入的に論じることとしたい。友敵関係を否定・動揺などと述べると、わたしは「人類は皆兄弟である」といった主張をしたがっているのだと思われるかもしれない。だが、そういうことを述べたいわけではない。わたしは大概の人間は好きではないし、人間は皆仲良くすべきだとも思わない。詳しくは、本書を通して論じていくしかないのだが、「友」と「敵」の動揺とは、「皆仲良く」などといったことではないことに注意されたい。「人類は皆兄弟」といったイメージで本書を理解しようとすると、おそらく大きく混乱することになる。

本題へ入ろう。前章では、世界を「友」と「敵」という二項対立からとらえる思想を述べた。それでは、友敵関係を否定ないし動揺させる思想とはなんだろうか。シュミットによると、友敵関係を否定する思想とは、「リベラリズム」（Liberalismus. リベラリスムス）である。

リベラルな思想は、きわめて体系的に国家や政治を回避ないしは無視する。そして、そのかわりに、二つの異なる領域、すなわち倫理と経済、精神と商売、教養と所有という両極のあいだを動揺させるのである。

［……］

だが問題は、純粋で論理一貫した個人主義的リベラリズムという概念から固有の政治理念が得られるのかである。それは無理なのだ。なぜなら、すべての論理一貫した個人主義には、政治的なものを否定する要素が含まれているからである。[19]

シュミットにおいて「政治的なもの」とは友敵関係のことであった。彼によるとリベラリズムには、友敵関係を「否定する要素」があるという。友敵の思想を打ち出すシュミットにとって、もっとも警戒すべき思想とは、右翼的な思想でも、左翼的な思想でもなく、リベラリズムである。これはムフも同様であり、彼女がラディカル・デモクラシー論を提起したとき、真っ先に批判の対象となったのはリベラリズムであった。だが、これだけではまだよくわからない。「友」と「敵」の二項対立を否定ないし動揺させる「リベラリズム」とはなんだろうか。

少し見方を変えてみよう。「二項対立の否定・動揺」で想起されるのは、フランスの哲学者ジャック・デリダが提唱した「脱構築」という考え方だ。もう少し後になって詳述するが、デリダはシュミットの友敵の思想を脱構築しようとしたこともある。友敵関係の否定とは、脱構築のような思想のことではないか。この「脱構築」という語は、はじめて聞くと少しややこしい印象を受けるかと思われるので、ここで簡単にみてみることとしよう。

1節　脱構築

「脱構築」とはなにか。最初に暫定的な定義を述べておくと、静的で固定的な二項対立の境界から、二項対立そのものを動揺させることである。脱構築は建築でもよく知られた考え方でもあるので、建築物の例から視覚的に理解してみよう。

通常、建築物というと、長方形で、建物と地面の境界は二項対立として思いうかべるだろう。この場合、建物は建物だし、地面は地面であり、両者がまじりあうことはない。だが、建物と地面の関係を静的・固定的に考えなければならない理由はない。図1は、アイゼンマンがデザインした脱構築主義の建築である。アイゼンマンは、自ら脱構築への支持を表明した建築家で、デリダとの共作もある。

図1は、長方形の建物ではなく、湾曲した地面が建物の一部を形成しており、地面と建物の境界が曖昧である。このように「建物は長方形でなければならない」「建物と地面の境界は明確でなければならない」といった静的で固定的な二項対立のイメージをその境界から動揺させるのが脱構築である。

図1　アイゼンマンによる脱構築主義の建築物

出典：Creative Commons Attribution-Share Alike 3.0 Unportedより借用。（https://creativecommons.org/licenses/by-sa/3.0/deed.ja）

もう少し身近なカレーの例で考えてみよう。まず「インドカレー」と「日本カレー」という二項対立があるとしよう。そして「インドカレー」はスパイスでつくられ、「日本カレー」はダシで味をとるものだとしよう。ここで両者の境界、すなわち両方の性質をもつカレーとは一体なんであろうか。つまりスパイスもつかい、ダシもとるような「脱構築カレー」である。この脱構築カレー（ちなみにわたしの得意料理である）は、「インドカレー」なのか、それとも「日本カレー」なのか、決めることはできない。すなわち二項対立を動揺させる曖昧な境界である。実際に存在する多くのカレーは、こうした脱構築カレーだろう。純粋な「インドカレー」だとか「日本カレー」だとかは基本的に存在しないことになる。そして、このように世界を理解できれば、「インドカレー」や「日本カレー」の純粋性とか、二項対立とかを主張しなければならない理由は乏しくなる。

脱構築とは、二項対立をその境界から動揺させる。そうであるならば、「友」と「敵」の二項対立もその境界から動揺させることができるはずだ。しかし、ここに問題がある。建築やカレーの境界ならばわかりやすいと思われるが、「友」と「敵」の境界とはなにか。これは、なかなかイメージしにくい。本書では、こうした点にも迫ることとしたい。だがその前に、本章ではもう少し「リベラリズム」について述べておきたいことがある。

2節　ローティのリベラリズム批判

シュミットが述べるように、リベラリズムに友敵関係を否定する要素があるのであれば、リベラリズムの衰退は友敵関係の激化と表裏一体ということになるだろう。そして二〇一〇年代のリベラル勢力の衰退は、それを裏付けているように見える。二〇世紀は、ファシズム、共産主義、そしてリベラリズムの時代でもあった。第二次世界大戦でファシズムが倒れ、冷戦崩壊により共産主義が倒れた。二一世紀をむかえた現在、リベラリズムも衰退の傾向にあるといえる。それではリベラリズムが衰退した理由はなんであろうか。

もちろん、多くの理由や要因をあげることができるだろう。ここで本書が注目したいのは、アメリカの哲学者リチャード・ローティのリベラリズム批判である。一九九〇年代のころにローティは、リベラルと左翼——アメリカではこの両者の境界は曖昧である——が、社会福祉よりもアイデンティティを重視する路線に変更したことによって、グローバル化にともなう貧富の格差といった問題に対応できなくなり、やがては大きな反動、社会的分断を招くと予想していた[20]。

起こりそうなこと、それはこの四十年間に黒人アメリカ人、褐色アメリカ人、同性愛者が獲得した利益が帳消しにされるだろうということだ。女性に対する軽蔑の発言が再び流行するだろう。「ニガー」とか「カイク」という言葉が職場で再び聞かれるようになるだろう。大学左翼（the academic Left）が学生に対して容認できないものにしようとしてきたあらゆるサディズムが再び氾濫することになるだろう。教育を受けていないアメリカ人が自分の取るべき態度を大学の卒業生に指図されることに対して感じるあらゆる憤りは、はけ口を見いだすことになるだろう。[21]

このようにローティは九〇年代のころから前章で述べたような状況をある程度予想していた。そうであるならば、リベラル・アイロニストを自称するローティによるリベラリズム批判は、特別に聞く意義があるように思われる。それではローティは、リベラリズムのなにを問題と考えていたのだろうか。彼の批判は多岐に及ぶが、簡単にいうと、それはリベラリズムが理性・合理性を根拠に普遍性や公平さの基礎づけといった議論をしてしまうところにある。[22] リベラリズムのような、われこそが普遍性や合理性を体現していると考える立場は、別の立場（たとえばイスラム原理主義）と自らの比較をすることがよくある。つまり「われわれの優れたリベラルな社会にくらべて、非リベラルな社会では自由や人権の普及がいかに遅れているか」といった類のことを主張してしまいがちである。このようなふるまいは、リベラリズムを一方的に正当化するだけであり、コミュニタリアニズムやマルクス主義といったリベラリズムには区分されない立場を議論で追いつめようとすることでしかない。[23]

このローティの批判を理解するためには、彼が考える哲学上における言語観の変化を知る必要がある。二〇世紀初頭ごろまでの哲学では、言語は、観念を表現するためのラベルとされていた。たとえばリンゴを考えるとは、まず精神にリンゴの観念があり、リンゴという言葉はその観念のラベルのようなものであった。この考えにしたがえば、言語がなくても、リンゴというものを考えることは原理的にできるはずである。また観念は、普遍的なもの、つまりすべての人が同じように持つことができるものと信じられていた。もし、そうであるならば、自由や人権といったリベラルな価値を皆が共有することができるかもしれない。

ところが、二〇世紀ごろからこの言語と観念の関係が逆転した。リンゴの観念は、本当は「リンゴ」という言葉があるから生まれると考えられるようになったのである。こちらのほうの発想だと、言語がないと人間はモノを考えることができない。ローティはこうした哲学上における言語観の変化を「言語論的転回」(linguistic turn)と呼んでいる。[24]

人間は言語によってなにかを考えているのであれば、言語が違えば想起される意味も異なることになる。たとえば「シロナガスクジラ」を英語にするとblue whaleとなる。シロナガスクジラは、水面上だと白くみえるが、海のなかからだと青色にみえる。日本語と英語は、同じ対象について少し異なる見方をしていることが言葉からうかがえる。このようなことは「同じ」言語のなかでも生じうる。たとえば「日本国憲法第九条」という言葉を聞くと、「日本を縛るもの」というイメージを思いうかべる人もいるだろうし、「平和を守るもの」というイメージが浮かぶ人もいるだろう。このように同じ言語のなかでも人によって特定の言葉の意味が異なることはよくある。

こうなると、ある特定の言葉・言語に普遍性があると主張することはむずかしくなる。言語が異なれば、世界への見方も異なっていることが示唆されているからだ。ローティの批判とは、こうした言語観の大きな変化をリベラリストたちはとらえきれていないということになるだろう。忘れてはならないのは、リベラルな概念や理念も、言語的な産物だということだ。ということは自由、公正、人権、市民社会などリベラルな言葉も、言語もしくは個人レベルでおのずと意味が異なっていることになる。それを無視して、リベラルな諸価値を「理性によって到達した普遍的な真理である」などということはできない。このことを見透かされると、リベラルな言葉による説得は、「お前がそう思っているだけだろう」といいかえされる形で失敗してしまう。このような失敗がつづけば、いずれイライラし、攻撃的になり、自分の意見を理解しない者を「非理性的な愚か者」などと罵倒したくなるかもしれない。

#WalkAway 運動はなぜ起きたのか？

わたしがこのように考える理由の一つとして、二〇一八年にアメリカで #WalkAway が生じたことがある。この運動は、民主党やリベラル・左翼に愛想を尽かした人たちが、リベラリズムから「立ち去ろう」と訴えるというものであった。なぜ、リベラルや左翼から立ち去るべきなのだろうか。この運動を呼び掛けた同性愛者のブランドン・ストラカは、ＹｏｕＴｕｂｅ上で、まず自分はリベラルであったこと、そして人種差別や性的マイノリティを阻害することを拒否すると述べた上で、いまのリベラリズム・左翼は不寛容であり、憎悪に満ち溢れながら対立者を「ファシスト」や「白人至上主義者」などと「脅迫し、いじめ、黙らせ、攻撃し、職を奪い、ブラックリストに載せ、破壊するために［……］冷酷なレッテルを貼るのをわたしは目撃した」と述べている。これはアメリカの話だが、ネット上で「社会正義」を掲げながら攻撃的に敵対者を吊るし上げるといった光景は日本語空間でも頻繁に目にする。いまでは、リベラルこそが「敵」を名指し、闘争するようになったのだ。

誤解を恐れずにいおう。ローティを受けてわたしが考えているのは、右翼が「おかしい」から対立が生じているのではないということである。リベラルや左翼が理性や合理性を根拠に自己中心的であり続けるがゆえに、攻撃的になり、友敵関係の一端を形成しうるのである（そしてこう述べたからといって、わたしがリベラル側の意見を「間違っている」といいたいわけでもない）。このような状況があるのであれば、リベラルに愛想をつかす人が出てきても不思議ではない。かれらはリベラリズムの価値に違和感を表明しているのではない。リベラリズムが友敵関係をつくるあり様を拒否しているのである。ストラカは最後に次のように述べている。「その昔、わたしはリベラルであった。しかし、リベラリズムは変容した。わたしは、調和、機会の平等、向上心、思いやり、愛といった、わたしの価値と矛盾するすべてを代表するイデオロギーや政党の一部であることをやめた」。

3節　感情

リベラリズムや理性に問題があるからといって、ローティは、「人権」のような概念を放棄せよとは当然ながらいわない。問いは、理性や合理性によらずに、どのように「人権」のような概念を擁護することができるのかである。ローティの方針は二つある。第一に、普遍性や基礎づけといった議論をやめて、プラグマティックに言葉を創造していくということだ。社会にはさまざまな問題がある。問題を認識・理解・解決するためには、新しい概念が必要となる。たとえば、今日におけるセクシュアル・ハラスメント問題は、「セクシュアル・ハラスメント」という概念を発明することで、はじめて認識・記述・議論することができるようになった。こうしたことを積み重ねていく必要がある。人権といった価値も、こうしたプラグマティズムの立場からなされていかなければならない。いいかえると、リベラリズムとは理性によって到達してきた真理ではなく、その他の多様な思想のうちの一つと考える必要があるというわけだ。

第二に、そしてこれがもっとも重要なのだが、他者の苦痛を感じとる「感情」を重視するということである。ローティにとって感情とは、理性・言語と同じぐらい重要なものとされている。

以前にも述べたように、苦痛とは非言語的なのだ。それこそが、人間という存在がもっているもののなかで、言語を使用しない動物にわれわれをむすびつけているのである。残酷な行為の犠牲者、苦しみに苛まれている人々に言語で語りうることなど、ほとんどない(25)。

ローティは、シュクラーが述べる「人間が行う最悪のことは残酷さであり、この残酷さをいかになくしていくのか」[26]という考えを支持する。そして、そうした残酷な行為は、非言語的な感情・共感によって受けとめることができるとしている。ローティの政治哲学とは、普遍的なる理性によってリベラルな価値を基礎づけようとすることをやめて、残虐な行為をなくすためにプラグマティックに言葉を創造し、人々が非言語的に他者の苦痛を感じとれるような道を探すことといえるだろう。理性や合理性による説得によって「普遍的」な価値を信じてもらうのではなく、そのような価値に共感してしまうような条件を考えるべきだということになるだろうか。

人権、公平、平等、博愛など、それがどれほどすばらしい概念であったとしても、人々の感情的な支持がない限り、受けいれられることはない。「人権というすばらしい概念を発明したので、支持してください」と人々に伝えるだけでは不十分なのだ。「人権」という概念が共有されるためには、人々がすべての人を仲間だと思えるような感情が同時に必要とされる。このローティの発想は、排外主義者に「人権を守ってくれ」と説得することがいかにむずかしいかを思いだすと、無視してよいものだとは思えない。

4節　本書の方針

少し込み入ってきたので、最後に本書の方針をまとめておこう。この章では、友敵関係を動揺させるために「脱構築」と「感情」という観点について述べた。シュミットは、「リベラリズム」には友敵関係の二項対立を否定する要素があると述べる。そこで本書では、二項対立を動揺させるデリダの「脱構築」に注目してみたい。もう一つ、本書ではローティのリベラリズム批判から出てきた「感情」という観点もとりあげる。本書の方針は、この二つを組み合わせることである。「友敵の脱構築」と「感情」を組み合わせるとはどういうことか。具体的には、友敵関係が動揺させられる感情がいかに喚起させられるのかを問うことである。[27]

課題は多い。友敵関係の脱構築、あるいは「友」と「敵」の境界というのは意味がよくわからない。また感情とはなにか、それがどのように脱構築へとつながるのか、本書では、まだなにも述べていない。次章からはこうした課題を一つずつ論じていくこととしたい。早く結論を述べろと思われるかもしれないが、哲学は基本的に積み重ねの議論なので、もう少し辛抱してついてきていただきたい。次の第三章では、まず脱構築と並ぶ本書の重要概念である「感情」を論じてみようと思う。

第三章――感情という概念について

第三章では、本書で使用する「感情」の概念について述べる。前章では、ローティの「感情」という観点にふれたが、彼が述べる「感情」には二つほど問題があると考えられる。

第一に、ローティの述べる「感情」の喚起とは限定的なものである。彼が「人々の共感能力を養う」と述べるときに念頭にあるのは「感情教育」(sentimental education)のことだ。「感情教育」とは、具体的には、教育機関等で映画や文学を教材にすることである。[28] 他者の苦痛を想像するといった感情を養うためには、学術書を教材にするよりも、映画や文学のほうが適しているからというのである。だが、そうであるとしても、感情を喚起させるのは映画や文学だけと考える必要はないだろう。もう少し広い範囲から感情の喚起を考えてもよいはずだ。

第二に、そして重要なのはこちらなのだが、感情とは、他者の苦痛に共感するためだけのものではない。たとえば排外主義者が移民を攻撃するとき、そこに怒りという感情が多分にふくまれているように思われる。かれらは、決して「友」と「敵」という概念だけで、無感情に「敵」を名指しているわけではない。ここからいえるのは、「感情」とは、苦痛への共感だけに作用するわけではないということである。逆に「感情」は、他者に残酷な行いをする源にもなりうる。

どういう環境下であれば、感情は、他者の苦痛への共感となるのだろうか。逆に、どのような条件であれば、感情は友敵関係へとつながるのだろうか。だが、こうした議論をしていく上で、「感情」という概念はあまりにも漠然としている。そこで第三章では、本書で使用する「感情」という言葉の意味を明確にしておきたい。

1節　感情についての略史

まずは感情がどのように理解されてきたのか、歴史を簡単に振り返っておこう。西洋哲学では、古代哲学のプラトンから、近代哲学の祖とされるデカルトに及ぶまで、「感情」についてなんらかの言及がなされてきた。だがその多くの見解では、感情は理性の対極にあるものとされ、理性によってのりこえられるべき劣位なものとして位置づけられている。特に理性主義を掲げたストア学派では、感情は乗り越えられるべきものという理解が顕著であった。

こうした理性重視の傾向は、近代以降にさらに強化される。例外として、スピノザ『エティカ』（一六七七年）、ヒューム『人間本性論』（一七三九―四〇年）、スミス『道徳感情論』（一七五九年）といったものもあったが、基調として「感情」は、合理的・批判的な精神を脅かす悪しきものとされ、人々の感情はできるだけ少なくすることがめざされていた(29)。このような傾向は二〇世紀になっても続いていたが、一九六〇年代に行動科学の挫折を承けたころから、感情に対する学術的態度が変わりはじめた(30)。

現代では、「感情」の見直しは、人文・社会科学系の全般ですすんでいる。感情という観点を知的に重視しようという動きは、「情動論的転回」(affective turn) などと呼ばれたりもしている。感情復権の理由はいろいろあるのだが、本書との関連で一つだけ述べておくと、言語中心主義からどうすれば脱却できるのかという問題意識があげられる。多くの人間は言語的な生き物だが、同時に言語に還元されないような身体ももっている。前章で述べたように、言語だけではなかなか解決できないような問題が生じているのであれば、身体のほうから解決する回路がないのかという問いが生まれる。そして後述するが「感情」は身体的でもある。このようなわけで「感情」という観点を重要視する見解があらわれているのだ。ローティの議論は、情動論的転回の一端といえる。

2節　感情の基本的な性質

本節からは、感情の基本的な性質について述べる。「感情研究」のなかでも、皆が共有できるような「感情」の定義はない。だが感情には、「こういう性質は間違いなくあるだろう」と認められる要素は指摘されている。その性質とは、受動的に発生すること、そして個人差があるということだ。

感情の受動性

感情の基本的な性質として、受動性をあげることができる。人は、能動的に感情を喚起することはできない。たとえば能動的に泣いてみたのだとしても、それは単に嘘泣きしているだけであり、感情の発露とはいわない。役者の演技をみて、それが役者自身の感情があらわれていると考えることは通常できない。

感情の受動性は語源からもうかがえる。英語で感情にあたる語は、passion, emotion, feeling などである。これらの語源は、それぞれ「運ばれる」「動かされる」「触れられる」という受動性をあらわしている。アリストテレスの『ニコマコス倫理学』においても、πάθος（パトス）は感情であり、受動性として述べられている。こうした感情の受動性という要素は、感情研究でも指摘されている。[31]

しかし感情は、なにに対して受動的なのだろうか。それは感情が生成される環境・状況に対してである。感情研究によると、感情とは、ある環境や状況があり、それが生体にとってなにを意味するかによって生じたり、生じなかったりするものである。[32]

感情の発生が環境・状況によるのだとすれば、感情を論じるためには、その環境や状況について述べる必要がある。たとえば、「最愛の人を亡くして涙を流す人の前」という状況では、少なからぬ人が受動的に「かなしみ」のような感情を共有してしまう、といった具合にである。この感情の受動性という性質は、本書における重要な点の一つなので、どうか忘れないでいただきたい。

感情の個人差・非計量性

感情は、主観的で個人的、非計量的である。つまり個人差があり客観的に計量することはむずかしい。そのため感情の科学化は困難である。こうした困難があるため、感情研究では、どのように感情を計測するのか、四苦八苦してきた歴史があるようだ。本書は、科学的手法の提唱をめざしているわけではなく、概念的な枠組みを論じている。そのため感情には個人差があるとした上で、それ以上の計量化という点にまでふみこむことはしない。

こうした留意は、それほど欠点であるようには思われない。というのは、たとえば排外主義者が移民・難民にヘイトスピーチをするとき、そこに「怒りの感情を発生させる環境・条件がある」とわたしが述べても、それほど異論があるとは思われないからだ。それは当然のことと理解されるのではないだろうか。そうであるならば、「その怒りとやらは、どの程度なのか」という問いは、感情の科学をめざす立場においては重要であっても、哲学的な議論においては重要ではない。哲学的議論では、計量するといったことではなく、概念的な枠組みを論じることが主な目的となっている。本書も感情を喚起させる状況や環境の概念的な枠組みを論じることに注視することとしたい。

3節　感情、情動、共感――どの言葉をつかうのか？

感情には、似たような言葉として「情動」や「共感」がある。本節では、こうした用語をどう使用するのかについて述べておきたい。感情を英語でいうと、passion, emotion, feeling, sense, sentiment, affect といった言葉が該当する。感情研究によると、emotion は、特に強い感情であり「情動」とよばれ、「気分（mood）」とあわせて「感情（affect）」になるとされている。また、特に主観的感情をあらわす言葉としては feeling が使用されているようだ。[33]

他方で脳科学者のダマシオのような感情と脳の関係を問う研究者は、感情（affect）と情動（emotion）を区別している。[34] この区分では、「感情」を主観的な意識体験で観測不可能であるとし、「情動」を刺激によって個体に生じる生理的反応ととらえ観測可能としている。いいかえると、感情は「心」で生じるものであり、情動は「身体」であらわれることを指す。なお、この区分を受けいれれば、主観的な感情は科学化できないが、観測可能な生理的反応である情動は科学化できるということになる。

このように言葉をめぐる状況は複雑であるが、本書における「感情」を指し示す言葉はシンプルだ。わたしが述べる感情とは、個人が主観的に発生させられてしまうものを指し示している。本書は、感情の計量化を目的・手段としていないので、感情の激しさや多寡を問わずに「感情」という言葉で統一することとしたい。いいかえると、「情動」を特に強い感情と定義し、「感情」とつかいわけるといったことはしない。なお「共感」については、最終章で独自の考え方を論じているので、ここでは触れないこととしたい。

4節　身体と感情

最後に「感情」についてもう一つ付け加えたいことがある。前節では、ダマシオの「情動」概念のように、感情を身体的なものとする見解をみた。この方針は、わたしも採用することとしたい。これには理由がある。ダマシオの「情動」の理解を遡ると、一七世紀の哲学者スピノザに辿り着く[35]。そのスピノザ『エティカ』第三部の定義三によると、「感情」(affectibus) は次のように定義されている。

感情とは、身体そのものの活動力を増大させたり減少させたり、あるいは促したりまた抑えたりするような身体の変様であると同時に、そのような変様の観念でもあると、わたしは理解する[36]。

「理性的である」ことを重視するスピノザにとって「感情」は、理性を脅かすこともあるが、同時に、理性的になるためのエネルギーにもなりうる二面性をもつ。後者のほうの側面は、現代の思想家にも重要視されることがある。本書との関連でいえば、ムフがそうである。彼女は、人民が「政治的行為」をするために感情が重要であると述べた上で、スピノザの感情を「利用」するように提案している。

『エティカ』における感情についての省察のなかで、スピノザは触発 (affection) [変状 affectio] と感情 (affect) [affectus] を区別している。「触発」は、ある物体がほかの物体の活動に影響を受けてとる状態である。外側にあるなにかに触発されたとき、コナトゥス (みずからの存在を保存しようとする一般的な努力) は、なにかを欲望し、それにしたがって行為しようとする感情を経験するだろう。

わたしは、政治的アイデンティティの形成過程を検討するために、この触発／感情の力動を利用することを提案したい。つまり、「触発」を言説的なものと情動的なものを節合し、同一化の特定の形式を生みだす実践であると考えるのだ。感情の結晶化としてとらえれば、この同一化は政治にとって決定的に重要である。というのも、この同一化が政治的行為のための原動力を提供するからだ。(37)

ムフの述べる「政治」とは、シュミットの述べるような「政治」、つまり友敵関係であった。「われわれ」と「かれら」を「政治」（友敵）とするためには、感情が重要になるというわけである。本書は、友敵関係を脱構築することの探求なので、「感情」をムフも採用しているスピノザ的に解釈することとしたい。これによってムフと似たような土壌から議論することができるからだ。

5節　本書における「感情」の定義

以上の議論から、本書では「感情」という言葉を次のように暫定的に定義する。「感情」とは、個人が、ある環境・条件によって身体的に影響を受けることで受動的かつ主観的に喚起させられ、自身の行為や思考を規定するものである。「暫定的に」と断っているのは、本書の途中でこの定義を少し改変するからである。

いかにして感情が、「友」と「敵」の関係を動揺させるように働くのだろうか。このことを解き明かしていくためには、脱構築を論じたデリダのテクスト読解へと進まなければならない。

第四章——未知への恐怖と驚愕

友敵関係を脱構築する感情とはなにか。いかにしてそのような感情が喚起させられるのだろうか。これを明らかにするために、脱構築を提唱したデリダのテクスト読解を行ってみたい。デリダは、いかなる感情を脱構築とむすびつけていたのだろうか。

ジャック・デリダは、一九三〇年にアルジェリアのユダヤ系の家庭に生を受け、主にフランス語で哲学した人物である。二〇世紀後半のフランス語圏の代表的な知識人の一人でもある。彼の提唱した脱構築とは、ひらたくいうと、二項対立をその境界から動揺させるあり様を指す。これは同時に、偏見のようなものを自分がもっていることを自覚して、自分が思うように他者を考えるのではなく、他者そのものを想像するようにしよう、ということでもある。なぜ他者を想像することが二項対立の動揺とつながるのかは、本章と次章を通して述べていくこととしたい。

デリダは、脱構築をさまざまなメタファーを駆使して述べている。本書でそのすべてを紹介することに意味はないし、わたしにそんな力もない。ここでは、デリダが述べる「歓待」というメタファーを中心に、彼がどのように脱構築と感情を理解していたのかを論じてみたい。

「歓待」(hospitalité)[38] とは、ひとまず、文字通り「客をわが家にむかえいれること」と考えてみよう。「客」とはすべての他者をいうのだが、ここでは移民や難民、あるいはなんらかのマイノリティと考えるとイメージがしやすいだろう。客をわが家にむかえいれて、歓迎できればよいのだが、よく知らない客に対して「泥棒」などとレッテルを貼り、わが家に入ることを拒むこともある。友敵関係をなくしていく上で、この「歓待」というメタファーは、もっとも直観的にわかりやすいものであり、ふさわしいように思われる。

歓待は、デリダが、レヴィナスという哲学者から引き継いだもの、あるいは共鳴した言葉である。哲学にはよくあることなのだが、ほかの哲学者の言葉を自分なりに解釈し、新たに創造あるいは再構築することがある。デリダとレヴィナスは、長らく思想的対話を続けており、歓待もそのなかで論じられたテーマの一つであった。そのため、まずはレヴィナスが述べる「歓待」についてみてみることとしよう。

1節　最小暴力

エマニュエル・レヴィナスは、デリダにとって、フッサールやハイデッガーと並ぶ二〇世紀の大哲学者の一人である[39]。この二人の対話は、デリダのレヴィナス批判からはじまった。ただしデリダは、レヴィナスを単に否定的に論じたわけではなかった。デリダは、レヴィナスを批判的に論じつつ、同時にデリダ自身の哲学にレヴィナスのメタファーをとりいれたのである。「歓待」は、かれらの対話のなかで練りあげられた概念となっている。

それでは両者の違いとはなんであったのか。レヴィナスは、他者に偏見を抱かないあり様がどこかにあると考えていたように思われるが、デリダはそれをはっきりと拒否する。デリダは、あらゆる関係性に偏見が伴うと考えている。この点は、脱構築の基本的な前提なので、まずはここから論じることにしよう。

レヴィナスの「まったき他者」と「顔」

レヴィナスは、著書『全体性と無限』（一九六一年）などで西洋哲学を次のように批判した。彼によると、西洋哲学には、強大な「他者アレルギー」がある。そしてその他者アレルギーは、全体化をめざす思想的営みによって、のりこえることがめざされてきた。「全体化」の思想とは、他者を「自同者」（le même）、つまり自分と同じものにする考え方である。聞き慣れない言葉であるが、要は自己中心的に他者や世界を理解しようとする考え方のことであり、レヴィナスはそれを批判しているのだ。

レヴィナス的なたとえでいうと、赤子は全体化の思想で生きている。赤子は目についたものを口にいれる（自分と同じにする）ことがよくある。そのようなことは大人であればやらない。口にいれるという表現は、この場合、他者をエゴイスティックに理解しようとしていることを意味している。レヴィナスは、西洋哲学を赤子が世界をみるような考え方にすぎないと批判しているのである。

他者を自分と同じものにする思想は、レヴィナスによると、他者をかえりみない「暴力」である。もっとも、これはレヴィナスに限らず、「常識」的にもそうだといってよいだろう。全体主義やナショナリズム、オリエンタリズム、フェミニズムが批判的に見いだす男性文化は、他者アレルギーの思想の一部ではないのか。

それではレヴィナスは、いかにしてこの問題に哲学的な打開をねらったのだろうか。それは彼によれば、「まったき他者」（le tout-autre）を経験することである。「まったき他者」とは、決して自分が認識しえない、他者そのものということである。ここにレヴィナスの倫理学の中心的な言葉である「顔」が提唱される。

他者には「顔」（visage）がある。この「顔」という言葉は、レヴィナスにとっても、そしてデリダにとっても、単なるメタファーではない。かれらにとって顔とは、実際の人の顔というニュアンス[40]を包含している。人は、他者の顔に直面し、その呼びかけへの応答（réponse）として、「責任」（responsabilité）とむきあうことになる。「責任」というと、なにやら仰々しく聞こえるが、ここでは相手の顔の前だとその人を無視することがむずかしくなる、と理解すればよいだろう。

レヴィナスによると「顔」は、その「無防備な眼のまったき裸形のうち」で「なんじ殺すなかれ」とよびかけているという。そのよびかけこそが、わたしに責任を生じさせる非暴力的な「最初の言葉」(le premier mot)である。[41] 赤子のような自分は、他者の「顔」を通して、目につくものを口にいれようとする段階を脱し、他者の他者性を経験する大人にならなければならない。わたしが他者についての理解(偏見)をあれこれ記述するのではなく、「他者からのよびかけ」(=顔)にこたえるのが、全体化の暴力に抗うというわけである。

きわめて基本的なことのように思われるが、デリダがレヴィナスを批判するのは、まさにこの点である。

暴力のない関係性、それはありえない

デリダのレヴィナス批判とは、レヴィナスが述べる顔からのよびかけ、「非暴力の言葉」とよんだものにすら暴力が潜んでいることである。デリダは次のように述べる。

> レヴィナスが述べるように、言説(直観的接触ではなく)だけが正しいものであることができ、他方、一切の言説が本質的に自同者を内にしているとすれば、これは言説が起源的に暴力的なものであることを意味しているのではないだろうか。[……] 非暴力は、言説のテロス(目的)ではあるが、その本質ではないだろう。[42]

他者について考えたり、述べたりするのは、あくまで自分が理解するところの他者であり、他者そのものではない。言語によるあらゆる活動は、どうあってもレヴィナスが「暴力」とよんだものを含んでしまう。たとえそれが他者を称賛するような言葉であっても同様である。そうであるならば、レヴィナスが、顔からのよびかけとして述べた非暴力的な「最初の言葉」についても、本当は暴力性が隠れているといわねばならない。すべての関係性は暴力である。レヴィナスはどこかで非暴力的な関係性がありうるのではと考えていた節があるが、デリダはそのような関係性を一切認めない。

あらゆる言説、あらゆる関係性が暴力であることと、どのようにむきあえばよいのだろうか。デリダの見解によると、それは他者への理解を、できるだけ他者そのものに合致させるように暴力を最小化することだ。いいかえれば、他者に偏見をもってしまうことは不可避であるとしつつ、他者そのものを理解しようとする態度であろうとしつづけることである。こうした態度は、「最小暴力」(moindre violence)[43]とよばれている。この最小暴力という態度は、脱構築の基底にある。

脱構築は、完全に他者そのものを理解できると主張するものではない。なぜなら「他の者が無限に他者なのは、彼の側からの、彼が生きた彼の主観的な相貌をわたしにあたえることが本質的にできない[44]」からだ。自分がどれだけ他者について考えてみても、完全に理解することはできないという自覚をもちつづけることが脱構築の基底にある。全体性の思想に染まらないためには、他者を自同者として扱わないためには、最小暴力を意識しつつ、常に他者に開かれている必要がある。自己中心的な自分を脱するためには、自分が偏見をもってしまうことを自覚しつつ、他者からのよびかけに備えつづける必要がある。デリダは脱構築を「他者の到来にむけて自分を準備すること[45]」と述べている。

2節　歓待

脱構築の基底にあるものとしての最小暴力について述べた。次は、脱構築の一つのモデルとして、「歓待」というメタファーについて論じる。前述したが、「歓待」とは、わが家に客をむかえいれること、いいかえると自分自身に他者をむかえいれることである。デリダがレヴィナスと共鳴しつつ述べる「歓待」から、他者を想像するとはどういうことなのかをもう少し詳細にみておこう。

「二つの歓待」

デリダは、「歓待」には二つあると述べる。一つは、制限されていない、理想的・不可能な歓待である。理想的な歓待とは、他者に自らの場をあたえ、到来させ、わが家のなかで他者のままいさせるようなあり方だ。客（他者）に対して、相互性を要求してはならないし、名前すらたずねてはいけない。[46]「歓待」というメタファーをとっているが、これは前述した他者を他者のまま受けいれることである。だが、それはあらゆる言説が暴力であるため、理想的であって、不可能ということであった。ゆえにこの歓待は、不可能で理想的な歓待となる。

いま一つは、制限された歓待であり、国家や法、あるいはわたし自身によって規制される歓待である。人は他者を自分が思うところの他者、自同者としてしか扱えない。だからどうしても制限された歓待となってしまう。だがデリダは、理想的な歓待と制限された歓待をアポリア[47]（難問）として不可分なものとみなす。どういうことだろうか。

実のところ、「制限された歓待」とは、理想的で無制限な歓待を前提にしなければ、考えることはできない。無制限に歓待するという前提があって、はじめて「どう制限をかけるのか」という問いが生まれるからだ。たとえば、だれかが「他者を無条件に受けいれる、そんな歓待など現実には不可能だ！」と制限された歓待を主張したのだとしても、実のところ「無制限な歓待」が可能性としてありうることを認めてしまっている。これは一切の歓待を拒む、排外主義においても同様である。このような意味で二つの歓待は不可分といえる。完全に他者をむかえいれる理想的な歓待もありえないが、完全に制限された歓待もまたありえない。実際にわたしが行う歓待は、両者の境界のどこかにある。

このように、なんらかの二つの概念を提示して両者のあいだを考察し、動揺させていくというのはデリダの思考の基本なので、これに留意しながら次へ進むことにしよう。

むかえいれ、感受性

レヴィナスを受けたデリダは、歓待を他者の「むかえいれ」（accueill）と定義する。[48] レヴィナスによると、他者の顔は、なんらかのよびかけをしているのであった。他者の顔から発せられるよびかけに直面した自分は、なんらかの「応答」（ウイ）を開始する。デリダによると「応答」とは、他者からなにかを「受けとる」ことで開始される。

受けとる（recevoir）という語は、むかえいれることの同義語として提示されている。ただし、それは自己が、自らが理解できる範囲をこえて受けとることである。[49]

そろそろしつこいと思われそうだが、人間は、他者そのものを理解できるわけではない。わたしが理解する他者と、実際の他者とは常に乖離がある。「自らが理解できる範囲をこえて」によってデリダがいわんとしているのは、自分がとらえきれていない他者の側面である。そのため、他者からなにかを受けとった自分がなんらかの応答をするとき、わたしが理解できないものとの衝突が生じるはずだ。

たとえばわたしが「結婚をしている者は幸せである」といった偏見を抱いているとしよう。そして、わたしはこの偏見を知人たちにあてはめているとしよう。この場合、わたしには結婚をしている知人が「幸せ」にみえるのだろう。しかし、実際にその知人が「幸せ」を感じているかどうかはわからない。知人とその配偶者との内実は、義親との関係が複雑でうまくいっていないのかもしれない。配偶者のほうが家事を手伝わず、知人は疲弊しているのかもしれない。こどもができずに、ギクシャクしているのかもしれない。家では会話が一つもないような夫婦なのかもしれない。そして知人はそれを「不幸」と考えているのかもしれない。口に出すことはないにしても。

わたしがもつ偏見と、知人とその配偶者との内実には、かならず隔たりがある。その隔たりを無視して、知人に「結婚されているので幸せでしょう」などと述べれば、わたしが理解できなかった知人の内実がなんらかの形でわたしに伝わるだろう。知人は怒るかもしれないし、わたしに幻滅して会うことを避けるようになるかもしれない。いずれにせよ、わたしは他者から理解できないものを「受けとっている」。

「受けとる」とは、こうした自分が理解できない他者の未知の部分との衝突が生じることを意味している。このようなことに無自覚なまま、もしわたしが「結婚している者は幸せ」という偏見を本気で知人に見いだしているのだとすると、それは他者を自同者として扱う暴力ということになる。

問題は、このようなことを人間はやってしまいがちだということだ。いかにして自己中心的なあり様を少しでも離れて、他者の他者性を想像しようとすることができるのだろうか。

受動性

他者の他者性を想像しようとするきっかけは、逆説的だが受動的な感受性からはじまる。デリダは、「レヴィナスは、理性自体を歓待的な受動性として解釈している」と述べる。通常「理性」というと、「能動性」「自律性」といったイメージがあるが、デリダによるとレヴィナスは、「理性」をむしろ（歓待的な）受動的なものと理解しているというのだ。

受容性や受動性の概念、つまり合理性との対比でいえば、感受性として考えられる概念、そうした概念を通して哲学的伝統の巨大な血脈が、いまや、そのもっとも深い意味へと方向転換されている。

［……］

理性は、受けとることと同じである。あるいは［……］、理性とは感受性（sensibilité）である。[50]

理性自体が歓待的な受動性であり、理性は感受性でもある。いよいよ「感情」に類似した言葉が出てきた。だが「感受性」とはなんだろうか。それを知るためには、レヴィナスの「感受性」についてふりかえる必要がでてくる。もともと『全体性と無限』（一九六一年）においてレヴィナスは、「感受性」を否定的に評価していた。感受性は、他者に偏見を抱くことにつながるものでしかない。だが、後の『存在するとは別の仕方であるいは存在することの彼方へ』（一九七四年）において「感受性」は、偏見をおこすものとしながらも、同時に他者そのもの、「まったき他者」をとらえるためのものとしても述べられるようになる。[51]つまり他者に偏見を抱くことも、他者をむかえいれることも、同じ感受性から発生すると理解されるようになる。

レヴィナスが述べる感受性の二つの側面は、デリダが述べた二つの歓待、すなわち他者を自同者として扱う「制限された歓待」と「理想的・不可能な歓待」に対応している。かたや、偏見のある、制限された歓待とそれを喚起させる感受性だ。もう片方は、無条件に他者をむかえいれる、偏見のない、不可能で理想的な歓待とむすびついている感受性である。同じ感受性が、二つの過程となるわけだが、ここでいわれている感受性とは具体的にどういう感情なのだろうか。

3節　巨人との遭遇

デリダが述べる「感受性」とは、どのような感情をいうのだろうか。それを知るためには、一九六〇年代のデリダの著作『グラマトロジー』（一九六八年）の後半部分を参照する必要がある。[52]『グラマトロジー』の後半部分では、一八世紀の思想家ルソーの『言語起源論』（一七八一年）が論じられている。そこで述べられているルソーの「最初の言葉」というメタファーは、前述してきたレヴィナスの語と同じとはいわないが、通じており、「むかえいれ」についてのデリダの理解を別の角度から補完すると思われる。

ルソーにとって「情念」（passion）は、重要な概念であった。『言語起源論』は、言語を情念から説明しようとした著作である。ここに「感受性」とされたものの内容を探るヒントがある。デリダが、いかにルソーを理解したのかをたどることによって、ある感情の働きから脱構築がはじまる過程をみてみよう。

「巨人」と名づけること

ルソーの『言語起源論』は、タイトル通り言語の起源が考察されているのだが、ここでとりあげるのは、「最初の言葉」というメタファーである。どのように人間は「最初の言葉」を発したのだろうか。ルソーは、それを未知なる他者と遭遇したときと考えた。

未開人が、他の未開人たちに出会うと、まずは驚愕する（effrayé）のではないか。彼の突然の恐怖（frayeur）が、この未開人たちを彼自身よりも強く偉大であるとみせたのだろう。したがって、彼はその人たちに「巨人」

の名を与えるように思われる[53]。

ルソーによると、最初の言葉とは、「巨人」(géant) という名である。「巨人」という名が意味するのは、未知の存在への恐怖と驚愕である。「恐怖」と「驚愕」は、違う感情なのではないかと思われるかもしれない。フランス語の frayeur は、一般に「恐怖」「恐れ」と訳されるが、これは不意に生じたことに怯えるという意味であり、「驚く」「驚愕する」といったニュアンスもある[54] (なお、effrayé は frayeur の動詞形である)。たとえていうなら、こどもが突然知らない大人と遭遇したときに抱く驚きと恐怖が合わさった感情があげられる。frayeur は、日本語になるときは「恐怖」と訳されることが多いが、「驚愕」という意味ももっていることに注意しよう。

デリダは、ルソーのくだりを引用しつつ、こうした過程が生じる要因を「主観的感情」(affect subjectif) からと述べている[55]。未知の存在、いいかえれば、まだ「他者」と記述される以前の他者への「巨人」という名づけ＝最初の言葉は、自己の感情（恐怖と驚愕）から発せられる。

だが、なぜ未知への恐怖と驚愕が、他者を理解しようとする感情となりうるのだろうか。ここが最重要な点である。デリダによると、最初の他者との遭遇は、「距離をとって」行われる。この距離は、自分が恐怖と驚愕を抱くゆえに生じる。逆にこの距離を縮めることが「憐れみ」(pitié) である。

〔……〕恐怖・驚愕は最初の情念であり、われわれがすでに語った憐れみの情の誤謬の側面である。憐れみの情は、接近と現前の力である。恐怖はまだ、分散としての純粋な自然という直前の状況のほうに向いているであろう。他者はまず距離をおいて出会われる。一人の隣人として他者に近づくためには、分離と恐れを克服しなければならない。遠くからみると彼は大きく、一人の主人、一つの脅威的な力のようである。それは小さく、か弱い人間の経験である。彼は、対象をゆがめて、それをおのずと大きくみせてしまうこのような知覚を克服したあとで、はじめて話しはじめる。[56]

ルソーとデリダによると、他者との距離は、恐怖によってとられている。その距離を縮めるには、恐怖の克服が必要となる。しかし、恐怖と驚愕を抱いた者が、いかにして他者との距離を縮めることができるのだろうか。

絶対的恐怖とは、そのとき他者としての他者との最初の出会いであろう。つまり、わたしとは別の者としての他者、自己自身とは別の者としての他者との出会いである。わたしが他者（わたしとは別の者）としての他者の脅威に応答できるのはただ、彼を（自己自身とは）別の者に変容し、彼をわたしの想像のなか、わたしの恐怖のなか、わたしの欲望のなかで他者化することによってのみである。[57]

他者への恐怖は、未知の存在を他者化する想像によって克服される。わたしが最初に未知の存在としてだれかと遭遇したときは、巨人にみえてしまう。だが、もしその者のことを想像し、他者化すれば、その者への恐怖はなくなる。恐怖が克服されれば、未知の存在を「巨人」とよんだことは、自分の誤解であったことに気づくだろう。誤解に気づけば、他者をもう「巨人」とよぶ必要はない。わたしは他者を別の名、たとえば人間としての「個人の名」でよぶかもしれない。[58]奇しくもローティが、「共感」のほかに「憐れみ」という言葉によって「他者への想像力を養うべき」と述べていたことと通じる点である。

他方で、もし自分が、他者への恐怖をもちつづけるのであれば、他者を「巨人」とよびつづける必要があるだろう。たとえば、移民や難民を「犯罪者」とよびつづけることがそうだといえる。あるいはオルタナ右翼を「人種差別主義者」などとよぶことは、わたしもそれに同意したくなるのだが、「巨人」とよびつづけることである。これは他者との距離を縮めないようにするため、他者への憐れみとならないようにするために必要なのである。「巨人」とは、つまり「あいつ（ら）は脅威であり、自分（たち）に死をふりまく」と記述されることを意味している。未知への恐怖を温存するためには、他者がいかに恐ろしい存在であるかを述べつづける必要があるのだ。

狂暴さは好戦的なものではなく、臆病さ（craintive）によるのである。なによりも、それは宣戦布告するわけではない。それは動物の特徴であって（**狂暴な動物**）、想像力によって憐れみに目覚めていないため、まだ社会性をもたず、人間社会に立ち入っていない孤立した生きものの特徴である。これは強調しておきたいのだが、この動物は「他人から受けるのを**恐れていた**危害を、他人に対して及ぼそうという**構え**でいた。**恐れと弱さは、残酷さの源泉である。**」残酷さは積極的な悪ではない。悪をなすのは、他者のなかに、他者がわたしになす気であるように**思われる**欺瞞的表現を見いだすにすぎない。
［……］
ルソーは「かれらはおたがいに敵同士であった」といっているのではなく、「かれらはおたがいに相手を敵だと思っていた」と述べている。［……］原初的な敵意は、原初的な錯覚から生まれる。(59)

恐怖を克服できなかった者、恐怖を温存する者は、他者に対して攻撃的な記述（「敵」としての記述）をする。たとえば第一章で述べた左翼と右翼の友敵関係では、各々が被害者であり、互いが互いを「敵」とみなしているということであった。そして「敵」とは、自分たちに死をふりまく、自分たちを抑圧する存在として認識されていた。ルソーとデリダの読解からみえてくるのは、こうした友敵関係は、互いに「敵」同士なのではなく、恐怖によって互いを錯覚し、巨人＝「敵」とよびあっているあり様だ。

脱構築へとむかう感情とは、未知への恐怖と驚愕である。しかし、感受性あるいは恐怖と驚愕からは、二つの歓待が派生する。一つは、恐怖の克服であり、憐れみであり、制限がない不可能で理想的な歓待への道である。いま一つは、恐怖の温存であり、他者を巨人とよびつづける、制限された歓待への道だ。レヴィナスの感受性のように、デリダの二つの歓待は、未知への恐怖と驚愕という同じ感情から派生する。これをどのように考えればよいのかを述べる前に、もう一つ厄介な問題を指摘する必要がある。

繰り返し

ルソーとデリダの議論は、「最初の言葉」というたとえ話から論じられていた。これは未知なる他者とはじめて遭遇したことを想定している。だが、現代の友敵関係は、すでに「巨人」とよんだ後の関係性であり、繰り返し「巨人」とよびあっている状況である。ここでの疑問は、すでに繰り返し「巨人」とよびつづけている「敵」に対して、いかに憐れみなる行為が可能なのだろうか、というものになるだろう。

憐れみも巨人化も未知への恐怖と驚愕という同じ感情から派生する。そうだとすると、「友」と「敵」を脱構築しようとする感情は、「友」や「敵」に対して、恐怖と驚愕をもう一度喚起されることで生じるかもしれない。そうだとすると、あとはそのようなことが現実にありえるのかを問えばよい。このようにいうと少し抽象的にきこえるかもしれない。だが、こうしたことは比較的よくあることが想像できるのではないだろうか。「敵」の場合で考えてみよう。

自分が「敵」と認識していた者が、思ってもいなかった表情をみせたり、想定していなかったことを述べたりするような瞬間がある。「敵」と思っていた人が「この人は、こういう顔もするのか」という未知に驚くようなときだ。

「敵」に自分が想像もしなかった側面がみえたと思われる瞬間に、他者の未知性が再びたちあらわれたときに、もう一度、驚愕・恐怖する瞬間がおとずれることがある。このような瞬間に人は、「この人はいったいどういう人なのだろうか」と、他者の他者性をもう一度想像しようとするのである。なぜ人は、他者の他者性を想像しようとするのか。それは他者が自分の思っていた存在とは違うのではないかと驚愕（恐怖）するからである。

もちろん、「敵」の未知性がみえたところで、喚起される恐怖と驚愕が、かならずしも他者を想像することになるとは限らない。むしろほとんどの場合、再び「巨人」として記述されることになるだろう。感受性は、他方で「巨人」「敵」の名づけにもむかうのである。だが、未知との遭遇は、最初の一回限りの機会だと考える必要はない。というのは、他者の記述は何度も繰り返されることなので、何度も憐れみに開かれる可能性があるからだ。すでに「敵」のイメージが形成された状況では、この「敵」の記述が繰り返し行われていることにこそ着目すべきなのだろう。

デリダは、「繰り返し」についても二つの概念があるという。一つは、反復可能性（répétabilité）であり、機械のように同じことを繰り返していくことである。いま一つは、反覆可能性（itérabilité）とよばれ、繰り返されながらも、少しずつ変化していく（差異が生じる）ことをいう。[60]

言語あるいは言葉とは、そもそも一回限りの使用を前提としていない。言葉は、何度も繰り返しつかわれるし、そうであるとみなされている。「リンゴ」という言葉は、今日も明日もリンゴという意味をもっていないといけない。ただの一回限りだけの使用を予定されるように言葉はつくられていない。

他方で、言葉はずっと同じ意味であるとは限らない。「女性」という言葉は、一〇〇年前と現代では、その意味が異なる。言葉は繰り返しつかわれているなかで、少しずつ変化することがありうる。そしてこれは他者記述についても同様のことがいえる。

「敵」の記述は、多くの場合、機械的な反復となるだろう。だが「敵」の記述は、繰り返されるなかで少しずつ差異が生じることがありうる。差異が生まれる反覆の可能性を生み出しているのは、「敵」に未知への恐怖と驚愕を抱くときだろう。

4節　受動性からはじまる哲学

プラトン『テアイテトス』、アリストテレス『形而上学』が、「哲学は驚愕（θαυμάζειν タウマゼイン）からはじまる」と述べていることはよく知られている。もちろん、タウマゼインと、ルソーやデリダが述べる驚愕（frayeur）は同じ概念ではないし、各々の思想家の「哲学」で意味するところも異なっている。だが哲学の駆動を似たような言葉で表現しようとしているのは、たまたまというわけではないだろう。

デリダとの共著者でもあるデュフールマンテルは、デリダがゼミナールで話すとき、そこに驚愕と恐怖をうける第一印象があると述べ、デリダ哲学との関連を示唆している。[61]「驚愕・恐怖」は、デリダにとって、決して重要なキーワードであったわけではないが、本書が注目するのはこの感情である。

だが、友敵関係とその動揺にはまだ謎が多い。「友」と「敵」の二項対立が動揺するとは、どのようなことをいうのだろうか。次章ではこうした点をもう少し明確にすることとしよう。

第五章――友愛あるいは未来へ開かれたいま

本章では「友」と「敵」の脱構築がどのようなものをいうのかを論じる。まず本書における「脱構築」（déconstruction）について正式に述べよう。「脱構築」とは、哲学的ないい方をすると、「静止的・固定的な構造を想起的に発見しうる」という形而上学的ドグマ（現前の形而上学）を打破し、哲学を「常に古い構造を破壊し、新たに再建し続ける動的な営み」と理解しなおすことである。[62] 脱構築は、二項対立を動揺させる境界を析出し、「古名」（paléonymie）をつける。[63]

別のいい方をすると、絶対的な真理といったものは、この世界にはなく、人間の認識にも限界があるので、自分の他者に対する理解は常に偏ったものとなってしまう。だから、自分が他者に偏見を抱いていることをよく自覚して、常に他者への理解をあらためつづけようとする生き方と考えればよいだろう。「あらためる」のではなく、「あらためつづけよう」とするのは、他者を理解することは原理的に不可能であるから、それを未来永劫つづけるしかないという含意がこめられていることによる。二項対立の動揺と他者の他者性を想像することがなぜ・どのように関係するのかは、これから詳述していく。

二項対立の境界は、前述した建物やカレーの例だとわかりやすいかと思われる。だが、「友」と「敵」の境界とはなにか。その境界によって揺らぐ友敵関係とは、どのようなことを意味しているのだろうか。本章では、この問いについて考えてみたい。

このテーマを扱う上で、最良のテクストは、デリダの『友愛のポリティックス』（一九九四年）[64]である。同書では、カール・シュミットも考察の対象にはいっている。もちろん、本書でもたびたび出てくる、あのシュミットのことだ。デリダは、いかにシュミットの「友」と「敵」を理解し、脱構築しようとしたのかをみてみよう。

1節　友は敵で、敵は友？

『友愛のポリティックス』は、モンテーニュが『エセー』（一五八〇年）第二七章「友愛について」のなかで引用したアリストテレスの不思議な一文からはじまる。[65]

おおわが友たちよ、一人も友がいない[66]

この一文は実に奇妙である。「友たち」によびかけているようだが、「一人も友がいない」と述べている。この一文は、「友」を求めているのだろうか。あるいは、「多くの友をもつ者は、本当の友がいない」という意味なのだろうか。「友がいない」という事実を述べているのだろうか、それとも「友」になにかを訴えているのだろうか。だが、なによりも「友」とは、だれのことなのか。ここで述べられている「友」とは、特定の個人なのだろうか、共同体の構成員なのだろうか、あるいは国民、民族、人類といったことなのだろうか。わたしにとって「友」とはだれなのか。どうか少しだけでも立ち止まって考えてみてほしい。

『友愛のポリティックス』は、この一文の解釈の多義性がテーマの一つとなっている。この一文が示唆しているのは、人によって「友」の解釈が異なるということだ。意味がわからない文章なのに、どういうわけか理解できるつもりになれる。なぜそのようなことがありうるのか、という疑問を抱えて次へ進もう。

ニーチェの奇妙な転回

もう一つ、デリダが注目する別の一文も引用しておく必要がある。今度は、ニーチェが『人間的、あまりに人間的』（一八七八年）のなかで述べていることだが、さきほどの一文と似ている。

もしかすると、いつの日か喜びの時代がまたやってきてだれもが述べるかもしれない。

「友たちよ、一人も友がいない！」死にゆく賢人が叫んだ
「敵たちよ、一人も敵がいない！」生ける狂人であるわたしが叫ぶ[67]

ニーチェは、「友」を「敵」といれかえ、「叫」んでいる。こちらも、さきほどの文章と同じように不思議な文章であり、さまざまな解釈が可能である。なんでもないことのように思えるが、デリダは、ニーチェが「友」と「敵」をいれかえたことに注目する。このどうでもよさそうなところにこだわるのはデリダの癖なので、ひとまず受けいれるとしよう。「友」と「敵」をいれかえた文章についてデリダもまた奇妙なことを突然述べる。

これは、われわれが問わなくてはならない論理である。もし敵が存在できるところに友があるのであれば、「敵を必要とする」または「敵たちを愛する必要」[*seine Feinde lieben*]は、ただちに敵意を（l'inimitié）友愛に（l'amitié）変えてしまう、等々。わたしが愛する敵たちは、わたしの友である。わたしの友である敵と同じように。わたしが敵を必要とする、あるいは欲望するとき、友としてみなしてしまうのだ。それがわたし

たちをまちうける狂気である。[68]

またもや実に奇妙で「狂気」じみた文章である。ニーチェが「友」と「敵」をいれかえたように、デリダもまたいれかえてしまった。これはいったいなんのためなのだろうか。この文章になにか意味があるのだろうか。いったい、「敵たちを愛する必要」だとか、「わたしが愛する敵たちは、わたしの友」とはどういうことなのだろうか。さきほどのアリストテレスやニーチェの一文とは異なり、デリダのほうは、文字通りに読みとることがむずかしい。つい「愛する必要があるのは友たちのほうではないのか」といいたくなってしまう。

だが、どうやらデリダのこの文章が「狂気」にみえるのは、「わたしたち」に「狂気」があるからのようだ。

2節　敵とはだれか?

第一章でシュミットとムフの「友」と「敵」の思想について述べた。そこでは一つ、不思議なことがある。シュミットもムフも、どういうわけか「友」よりもまず「敵」を名指そうとする。「敵」がだれなのかを述べようとする。かれらは、なぜ「友」について最初に述べないのだろうか。「敵」のほうが重要ということなのだろうか。デリダによると、その理由は次のようなものだ。

> 要するにシュミットが述べているのはこういうことだ。わたしは最初に敵を強調する。それは優れた方法なのだから、優れた戦略なのだ、と。あなた方がすすめるように、友から出発しなければならないとしたら、わたしに友を定義する必要が求められる。しかし、友の定義は、その対立項である敵を参照しなければ可能ではな

いだろう。つまり、わたしたちは、この対立的否定性から、つまり敵意から政治的なるものへとむかわなければならない。「敵から出発する」は、「友から出発する」の反対ではない。それは反対に、友も敵もいないことの反対からはじまっているのだ。いいかえれば敵意とは、方法上と定義上において、定義というものの定義によって要求されている。(69)

デリダの理解では、シュミットの「友」と「敵」とは、その定義によって求められている。定義によって最初に「敵」がつくられる。これはわたしが第一章でも述べたムフに対する見解であった「敵がいるから友を見いだせる、それならば友を見いだすためには敵が必要」ということである。なぜこのようなことをする必要があるのか。それは「友と敵が否定される世界」を否定するためにだ。

こうした論理自体は、よく知られている。たとえば「国民《ネイション》」概念である。いわゆる「日本国民」は、「非・日本国民」がいなければ考えることはできない。というよりも、もし「非・日本国民」なる存在がいないのであれば、つまりすべての人が「日本国民」ならば、「日本国民」のことを考えたり、そのアイデンティティを主張したりする必要がなくなる。

最初から友（この場合「国民」）を見いだすとすると、「国民とはなにか」を定義する必要がある。だが、完璧な定義は不可能である。たとえば一九世紀の哲学者フィヒテは、「国民」を同じ言語を話す人々と定義した。「ドイツ国民」とは、同じドイツ語を話す人々ということである。だがドイツ語を話すのは、いわゆる「ドイツ国民」だけではない。第二言語としてドイツ語を学んだ者など、さまざまな人がドイツ語を話す。このように、どれだけ精巧に国民とはなにかを定義しても、かならずそれにあてはまらない例外がでてくる。こうしたことから、「友」を最初に考えることの困難さをシュミットは知っていたのだ。

「敵」を求める

友敵関係をつくるのは、シュミットのような右翼に限らないとデリダは述べる。マルクス＝エンゲルス、レーニン、スターリン、毛沢東らは、ブルジョワを、そして西洋資本主義の秩序を至るところでおしつけようとする傾向を「敵」としてきた。[70] 二一世紀の現代では、ここに「帝国」に対して「マルチチュード」を対抗させるネグリ＝ハートらをくわえてもよいだろう。

本書との関連でいうと、ムフのような考え方にも同様の傾向がみられる。もう一度、ムフの述べていたことをみてみよう（本書五頁参照）。

> 集団的アイデンティティを構成する領域において問題となるのは、かれらを画定することで、われわれをつくりあげていくことだ。この「われわれ／かれら」の関係は、常に「友／敵」型の関係へと変質する可能性がある。換言すれば、それはシュミットが理解していた用語としての政治的な関係になりうる。

ここでも「われわれをつくりあげていく」ためとして、「かれらを画定する」ことが先行している。つまり「敵」が最初に求められている。だが「敵」とはいったいだれのことなのだろうか。

「敵」の正体

「友」と「敵」とはだれなのか。はっきりさせるには、シュミットという、「敵」に関する二〇世紀最大の賢人もしくは狂人に直接きくのがよいだろう。

わたしの敵とはだれだろうか？　［……］わたしがある者を敵と認めるのは、相手がわたしを敵と認めるからで、そうせざるをえないのだ。この概念が重要なのは、相互的な認識の認識ということだ。

［……］

だれがわたしの敵を認めることができるのか？　あきらかに、それはわたしに問いかける者だけだ。わたしがある者を敵と認めるのは、彼がわたしを敵として認めているからである。それでは、だれが現実にわたしに問うことができるのか？　わたしだけである。[71]

整理しながら進もう。まず、だれかを「敵」と認めるのは、わたしに問いかける者である。「おまえの敵はだれだ？」と、わたしにきく者のことだ。わたしに対して、だれにそんなことができるのだろうか。現実に行えるのは自分だけである。もし自分以外に問われても、わたしはそれを拒否することができる。わたしに問うことができるのは自分だけで、「敵」と認めるのも自分である。それでは「敵」とはだれか。「敵とは自分のことであり、わたしはわたし自身に対して、わたし本来の敵なのだ」とデリダは述べる。[72]「敵」は自分である。同じことは、「敵」を画定することで見いだされる「友」についてもいえる。「友」とは自分のことだ。「敵」も「友」も、自己によって生み出されるわたしの思いこみである。これは前章で述べたレヴィナスやデリダの他者を自同者とする、つまり自分の考えるように他者をみなすことと同じだ。こうしたデリダの見解は妥当なのか。

デリダの見解が妥当かどうかを見極めるためには、客観的に「敵」なる属性が他者に見いだせるのかを考えてみるとよいだろう。たとえば、わたしに、ある「敵」がいるとして、その「敵」はいつから自分の「敵」となったのだろうか。その「敵」が生まれた瞬間からだろうか。それはなにを根拠にそういえるのだろうか。その者は、「わたしの敵である」という遺伝子でももっているのだろうか。もちろん、そうではない。

だれかを「敵」と名指せる根拠、それはつまるところ、「わたしがそう思うから」以上の根拠はない。同様のことは「友」についてもいえる。国民・民族、LGBT、右翼・左翼、移民・難民、マイノリティ等々、これらが「友」であれ「敵」であれ（どちらでも同じなのだが）、だれもが納得する客観的な定義を見いだせないのは、「わたしが思う」以上の根拠をもてないからである。「友（敵）たちよ、一人も友（敵）がいない！」という一文を各人が多様に解釈できるのは、各人が思うところの「友」「敵」があったためだ。いつ「友」が生じるのか、いつ「敵」が見いだされるのか、それはわたしが思いこんだ瞬間である。

こうしてみると、少し前で述べた「敵を愛する」といったデリダの奇妙な文章が、なにもおかしくないことに気づくに違いない。「敵を愛する」とは、つまり「自分を愛する」（自己愛）ということである。このことに気づかず、「友」と「敵」を実体としてとらえてしまうことが「狂気」というわけだ。

ここにきて、ようやく「友」と「敵」の脱構築に他者の尊重をむすびつけることができる。「友」も「敵」も自分の思いこみなのだから、友敵関係の脱構築には、その思いこみを突破すること、すなわち他者の他者性を想像することが求められるのである。しかし、それはどのようなものなのだろうか。

友愛へむけて

デリダは、「政治」をシュミットのように「友」と「敵」からではなく、「友愛」（amitié）から考える可能性を示唆する。

もし政治を、戦争よりも友愛からひきだすことを望むのであれば、さらに「友」の意味することが理解されている必要がある。［……］実際には、シュミットが政治的なものの演繹の際に助けを求めるのは、敵意という非対称的な事実ではなく、［……］友／敵という対立であり、戦争の可能性である。ここで、われわれが進もうとしている問いは、この対立的あるいは「戦争学」の論理、したがってまたこの論理が強調しているように思われる純粋な論理の外あるいはその手前にある友愛を経験する可能性についてである。(73)

デリダが述べる「友愛」は、シュミットが述べる「友／敵」の外、もしくは手前にある。シュミットならば、そこを「リベラリズム」とよぶかもしれない。しかし、これまでデリダが述べてきたことをふまえると、そのようなところなど本当にありうるのだろうか。

ここでわたしは、デリダにきいてみる必要があるかもしれない。なるほどデリダさん、あなたは「友」も「敵」も自分の思いこみであると述べています。しかし、あなたは、たしか最小暴力などという言葉で人間のすべての関係は偏見＝思いこみであるともおっしゃっていました。それならば、人が思いこみによって「友」や「敵」を形成することも不可避なのではないでしょうか。わたしは、「友」がほしいです、なによりも「敵」がほしいです。「友」と一緒に「敵」と戦うのは楽しいです。差別主義者と戦うのは、自分が正義を担っているようで高揚します。わたしは男性を憎悪します。あいつらは、わたしを幸せにしないからです。わたしは女性を蔑視します。あいつらは、わたしを幸せにしないからです。移民や難民を追い出したいです、やつらはわたしたちにとって脅威です。こういうことで、わたしたちを悪くいうのはやめてください。そしてこれは、いま世界中で起きていることなのです。たとえ、それがわたし（たち）の思いこみによる関係性であるとしても。なによりも、すべての関係を暴力と述べたのはあなたですよね。それならば、思いこみによって生きることこそ人間ということなのではないでしょうか。したがって友愛、つまり友／敵の外など、この世にはない、ということになるのではありませんか。

このような指摘は無視できない。なぜならこの指摘は、デリダが述べている内在的論理にかなっているからである。だからデリダは、このような指摘について間違いなく同意するだろう。ただし、そのうえで、ひとこと付けくわえるに違いない。そのとおりです、でも、「もしかすると」と。

3節　もしかすると

デリダは、友愛を考えるためには、「さらに「友」の意味することが理解されている必要がある[74]」と述べる。だが「友」とは、「敵」と同じく、わたしが思うところの「友」でしかないということであった。「友」とは、理想的な自分を他者に押しつけることで見いだされる、デリダの言葉だと「主権的な友愛」(amitié souveraine) である。だれもが自分が望む「友」を欲しがるが、その「友」とは理想化された自分自身でしかない。だから「友」は、人それぞれに、好き勝手に解釈されることになる。

ここでデリダが注目するのは、人々が具体的に「友」のイメージを思い浮かべる以前の「友」である。各々は、たしかに「友」について、それぞれ解釈をもっている。だがそれらすべての解釈は、同じ「友」という言葉から想起される。デリダが述べているのは、そうしたすべての「友」をイメージさせる根源としての「友愛」である。もし「友」と「敵」の区別をつくらない友愛があるとするならば、それは人々が具体的な友／敵の関係を知る前の友愛しかありえない。

だが、これは単なる言葉遊びにすぎないのではないか。この世界の一体どこにそんな友愛を見いだせるところがあるのだろうか。だが、それでもデリダは「あるかもしれない」とこたえる。それが「もしかすると」である。どういうことだろうか。

未来への開き

「もしかすると」(vielleicht, peut-être) は、ニーチェが「友」を「敵」といれかえたときに述べていた言葉である。もう一度引用しよう。

もしかすると、いつの日か喜びの時代がまたやってきてだれもが述べるかもしれない。
「友たちよ、一人も友がいない！」死にゆく賢人が叫んだ
「敵たちよ、一人も敵がいない！」生ける狂人であるわたしが叫ぶ

デリダが注目するのは、この「もしかすると」の時間感覚である。友敵関係を否定するような友愛は、現在だと存在はしない。なぜならば人々はすでに具体的な「友」「敵」という思いこみを行っているからである。だが未来ならばどうだろうか。「もしかすると」とは、現在にではなく、未来へ意識がむいている。デリダは、それを「呼びかけ(appel)に似ている」と述べる。

まず呼びかけに似ているというのは、それが未来に向けて合図しているからである。つまり、友たちを友たちとして送る宛名なのだ。いまかれらに、未来形で、未来について話している。おおわが友たちよ、わが友でいてくれ、わたしはきみたちを愛している、わたしを愛してくれ、わたしはこれからもきみたちを愛する。この約束をとりかわそう、わたしたちはこの約束をとりかわすことになるだろう。[75]

未来とは、未知である。なにが起こるのかはわからない。さまざまなことが起こりうる。未来の「友」への呼び

かけとは、まだ自分が出会っていない他者――すでに知人であっても、自分が理解しきれていない未知がある限り、出会っていない他者――に対して行われている。人々の個別的な友愛になる前の、原初の「友愛」が主張できるところは、未来に対して自分が開かれたところから垣間みえてくる。未来から到来する他者が具体的にどうなるのかはわからないが、この「わからない」という点をもって、「友」と「敵」の関係は動揺することになる。

たとえば今日、自分が「友」と思っている者と明日仲たがいをするかもしれないし、「敵」と思っていた者が「友」となっているかもしれない。今日「友」「敵」とよんでいる者たちが、未来においてどうなっているのかは、だれにもわからない。だとすると、今の時点での「友」と「敵」という構造を保持しなければいけないと主張できる根拠はどこにあるのだろうか。「友（敵）」が、明日も明後日も「友（敵）」でありつづける必然性など、どこにあるのだろうか。今日わたしが「友」と思っている者は、明日には「敵」になっているかもしれないのに。友敵関係を動揺させる友愛とは、現在にはないが、未来へ意識を開くことで「もしかすると」という形でみえてしまうものなのだ。

もし、すでに友愛があるとすると、友愛が十分にあるここで、わたしはどうすればきみたちにわたしの友愛をあたえることができるのだろうか？　より正確にいうと、友にこと欠かないとすれば？　わたしがきみたちに友愛をあたえるのは、友愛は（もしかすると）あるが、現在は実在していないからである。いずれにせよ、わたしはそれを意のままにすることができない。(76)

友愛は現在にはない。だが、もしかすると、あるかもしれない。今日、わたしが「敵」と思っている者が、明日には「友」となっている可能性は、だれにも「意のままにすることができない」。未来へ目をむけると、目の前の他者が「友」なのか「敵」なのかよくわからなくなる。この地平こそが二項対立の境界である。未来に到来する他者をむかえいれる友愛によって、固定的で静止的な「友」と「敵」とされる関係の根拠を動揺させるのである。

４節　幸運を信じる

「友愛は現在にはない」「未来へ開かれる」などというと、デリダとは未来を信じる理想主義者なのではないかといったイメージがわく。このような疑念を拭えないと、デリダの脱構築からインプリケーションを受けている本書も、極めてロマンティックでナイーブであるということになるだろう。はたして実態はどうなのだろうか。

デリダを「未来を信じる理想主義者」とみなす者は多い。本書との関連でいうと、ローティもそのなかの一人である。一九九三年にムフが開催したシンポジウム「脱構築とプラグマティズム」では、デリダのほか、ムフ、ラクラウ、クリッチリーが集まるなかで、ローティは対抗者のようなポジションで一人でのりこむこととなった。このシンポジウムでローティは、終始挑発的に講演しているのだが、そのなかでデリダをフーコーとくらべて次のように評している。

フーコーとデリダの大きな違いとは、デリダは、感受的（sentimental）で未来を信じ（hopeful）、ロマンティックで理想主義的な著述家ということだ。他方でフーコーは、社会に希望や人間的感情をいだいていないかのように思われがちである。(77)

ローティによると、デリダは「未来を信じ」ている。議論をすすめる前に、もう一つ、デリダの講演のなかの発言を引用しておきたい。デリダの講演は、ローティの後で行われており、ローティにこたえているのだが、どうにもその応答が少しおかしい。デリダの反応をみてみよう。

まず申しあげたいです。みなさんのなかには聞いて驚いた方もおりますでしょう。わたし自身も頭を抱えたのですが、リチャード・ローティはわたしのことを感受的で幸運（happiness）を信じているといいました。わたしは、彼はただしいと考えます。［……］彼の言葉はあまりにも挑発的であったので、わたしも反論しようとしたのですが、間違っているのはわたしでした。わたしは、幸運（happiness）と感受性が、わたしの仕事のなかで決定的な地位にあったと信じます。(78)

このシンポジウムの記録を日本語訳した青木隆嘉が「あとがき」で次のように述べている。ローティはデリダを「未来を信じる」（hopeful）と評しているが、デリダは「幸運を信じる」（happiness）といっている。まず訳者の青木が英語の hopeful を「未来を信じる」と訳すことは、このローティの講演が『友愛のポリティックス』を念頭に置いていることから妥当だろう。これまでみてきたように、「未来を信じる」は『友愛のポリティックス』を簡潔に要約した言葉のように思えるからだ。それではなぜデリダは happiness といいかえているのだろうか。

シンポジウムは英語で開催されたのだが、唯一デリダだけフランス語で講演している。文字化されたものは、英語に翻訳されているのでデリダが本当になんと述べたのかはわからない。どこかで生じた単純なミスかもしれない。ただデリダが二回もいいなおしていることから、なんらかの意図があるように思われる。もっとも意図があるとしても、講演中のデリダは「後でたちかえる」と述べているが、それがどこなのかは明確ではない。

デリダがどれだけ意図的であったのかは定かではないし、このようなことを探ることにどこまで意味があるのかもわからない。だが、デリダにはなんらかの意図があったとして、少しだけその意図を探ってみたい。ここから彼がどのように未来を考えていたのかがわかるからである。

デリダが実際になんと述べたのかはわからないが、フランス語で英語の happiness にあたる言葉は、chance と bonheur だろう。まず chance について、デリダのテクストでふれられている箇所をみてみよう。

Chance(s)

フランス語の chance は、英語とは異なり、幸運という意味がある。デリダが chance について言及したテクストとしては、『プシュケー』（一九八七年）におさめられた「わたしのチャンス」（mes chances）という講演の記録がある。フランス語の chance（幸運）は、複数形の chances（機会、可能性）になるとニュアンスが変わるのだが、「わたしのチャンス」第一節によると、デリダは単数形と複数形の双方をふくんだ意味としてつかっていることがうかがわれる。

それによると、「チャンス」はラテン語の cadere からきており、「拍子」「落ちる」「偶然に生じる」「期限」「期限が切れる」といった意味がある。ここから「チャンス」とは、デリダの理解では、偶然に到来し、「われわれの顔、手を襲い驚愕させる」ものとされている。

デリダは、多くの場合、チャンスは幸福（bonne chance）であると述べる。チャンスがあるとは、つまり幸運（chance）であるということだ。逆にチャンスがないとは、不幸（malchance）である。偶然に到来することが幸福であると思えるならば、チャンスがある。しかし、そのように思うことができないのであればチャンスがない。こうした理解でよいだろう。シンポジウムでデリダが述べたのが chance であれば、それは偶然に到来することが幸運であると信じるという意味となる。

Bonheur

bonheurは、読みはボヌールで、よくフランスワインでつかわれる。デリダは、彼が亡くなる一か月前に行われた『ル・モンド』のインタビューで、最後の質問「生きのびること」についてたずねられている。[79] そのこたえとして、生きのびることとは、「構造を構成すること」とし、ただしその構造を「死・過去」に解釈するよりも、「未来・生」で解釈したいと述べている。少し補足しよう。

「生きのびること」とは「構造を構成すること」、そしてその構造を「死・過去」に解釈するとは、デリダが理解するところのハイデッガー哲学が念頭にある。ハイデッガー哲学を一言で述べると、「自分の死を自覚して、その死が輝くように生きる」ということである。たとえば映画のラストシーンで死ぬ登場人物がわかりやすいかもしれない。こういう登場人物を語る場合、死の原因・理由からさかのぼって、その人物が生きていた意味を考える。自分の最終目的地点である死から過去へと、生を意義づける。これが生きることを「死・過去」に解釈するということである。自分の死が輝くように、それが必然的であるように、自分の生に固有の意味を見いだせるように生きる。このように生きるイメージをもつ人は少なからずいると思われるが、デリダはそれを肯定しない。デリダが肯定するのは、自分の死が輝くような生き方ではなく、これからなにが起こるかはわからない生・未来・偶然性の方である。「いつでも脱構築は、生を肯定する側にあります」[80]。そのうえで次のように述べている。

幸運（bonheur）と喜び[81]の瞬間ほど、わたしが死の必然性にとりつかれることは決してありませんでした。［……］自分の生を思いだすとき、わたしは、人生の不幸な瞬間まで愛し、それを祝福する幸運（chance）があったと考える傾向があります。[82]

もしデリダが述べたのが bonheur であったとすると、「幸運」とは、死・過去・必然性にとりつかれないもの、つまり生・未来・偶然性を肯定するもの、ということになる。

いまを信じる

以上により、どうやらデリダが述べたのが chance でも bonheur でも、あまり違いはないようだ。彼にとって幸運とは、到来する偶然性を肯定するような生を支持し、必然性にとらわれることを拒否するものである。

もう一度、シンポジウム「脱構築とプラグマティズム」でのデリダの講演に戻ろう。彼の講演のなかで未来・偶然性を肯定する内容に該当するのは次の箇所だろう。

> わたしが、来たるべき民主主義［la démocratic à venir］[83] といったとき、それは民主主義が明日には実現するだろうといったことではなく、また未来の民主主義のことを述べているわけでもありません。むしろそれは、メシア的な瞬間に「それは到来するかもしれない」［ça pent venir］[84] という約束の消去不可能性を認識することによる民主主義に関する参加があるという意味なのです。未来があります［il y a de l'avenir］。来たるべきものがあります［il y a à venir］。それは起こるかもしれない……それが起こるかもしれない。未来を開くか、未来が開かれたまま、わたしは約束します。[85]

大それた講演だが、よく吟味してみると、なにをいっているのかわからない。まず「来たるべき」だとか「メシア的」というのは、「もしかすると」と同じことである。ただし、それは単純に未来のことを述べているわけではないようだ。他方で「未来があります」とも述べている。これはどういうことなのか。

「未来になにが起こるのかはわからない」、これを否定することはできない。今日は「友」だった者が、明日には「敵」になる可能性、あるいはその逆である。それはいまこの瞬間から未来をみることで、いえることである。

今日「友」である者が明日には「敵」になると述べると、誤解を与えるかもしれない。「友」が「敵」に変わることで二項対立が動揺するわけではない。右翼が左翼に、左翼が右翼に転向しても、友敵関係は終わらないだろう。そうではなく、「友」なのか「敵」なのか、よくわからなくなることで二項対立は動揺する。二項対立を動揺させるのは、常にその境界にある二項のどちらなのかよくわからない決定不可能性である。

「友」と「敵」の関係が動揺させられるところとは、いまこの瞬間において、未来に目をむけることでみえてくる。人間が、各々の個別的な友愛を思いうかべるのが不可能なところ、他者が「友」なのか「敵」なのかよくわからないところ。すなわち原初の友愛、それは「いま」から「未来へ開かれている」ところにある。それは未来のことではないが、「なにが起こるかはわからない」という「未来」は、いまからみるとある。

「未来を開く」とは、こうした「いま」から未来へと意識をむけることだ。「幸運を信じる」（デリダ）とは、「未来を信じる」（ローティ）のではなく、未来へ開かれた「いま」を信じる（肯定する）ということである。「友」と一緒に「敵」を名指して闘争する考え方には、この未来への開きがない。というのは、友敵関係とは、「友」が「友」でありつづける、「敵」が「敵」でありつづける同一性の世界観を前提としているからだ。実は、こうした同一性の思想こそ、多分にロマンティックな信念といえる。それはたとえば、自分には「運命の人」がいるに違いないと信じるようなものだ。「運命の人」、つまりこの世界には、固定的で永続的、必然的な関係性が実在するという信念である。十代の学生が述べていたら可愛げがあるですむかもしれないが、大の大人がこのようなことを本気で述べていると、「現実をみよ」といわれてしまう。ここでいわれる「現実」とはなにか。固定的で永続的な関係性の保証など、この世界にはないということである。

デリダは理想主義者と評されやすいが、彼が述べているのは（決して自分には知りえぬ）「現実をみよ」ということでしかない。友敵関係を訴える者、「友」と「敵」の必然性を語る者たちこそ、現実をみず、己の信念に身をまかせる理想主義者であり、ロマンティストで、二項対立というユートピアもしくはディストピアを夢みている。友敵関係の思想、それは「現実をみよ」と述べているのではない。「現実をみるな」と叫んでいるのだ。

5節　未来へ開かれた「いま」

「友」や「敵」は自分である。自分のなかにある「友」と「敵」という定義によって他者を理解しようとするときに、友敵関係がたちあらわれてくる。しかし、それは自分が思うところの他者であり、他者そのものではない。友敵関係の脱構築とは、この自己の思いこみを打破することである。他者を自同者として扱うことをやめるということは、自分が思うところの他者ではなく、他者そのものを想像することによってありうる。ここに二項対立の動揺と、他者の他者性を想像することがむすびつくのである。

人は、「友」とか「敵」とかを求めたがる。大して知りもしない他者について、あの人は「運命の人」だとか、あいつは「嫌な奴」などと思いたがる。しかし、自分の「運命の人」と思っていた者が意外と「うざい奴」であったり、反対に「嫌な奴」と思っていた人が実は「いい人」であったということがある。つまり「友」が「敵」に、「敵」が「友」になることがある。このような経験をしていけば、あるいは誤解を恐れずにいうと、いわゆる「成熟した大人」になれば、いま目の前にいる人を「友」だとか「敵」だとか簡単には名指せなくなる。自分にとっての同一的な関係（たとえば運命の人）がこの世にいるとは思わなくなる。そのように生きるようになれば、他者を自同者として扱うことはなくなっていくのだろう。未来へ開かれたいま、「友」や「敵」の決定不可能性こそが友敵関係を動揺させるのである。

これは「人類は皆仲良くしましょう」といった平和主義的な考え方とは大きく異なる。そうした平和主義は、シュミットが述べているように、友敵関係に回収されていく。つまり、「友敵派」と「平和主義」による二項対立の形成である。「友」と「敵」の脱構築はそうではない。脱構築は、人間が友敵関係をつくってしまうとしつつ、二項対立の内部から動揺させることを探求していくのである。

なお、デリダの「もしかすると」は、フランス語ではpeut-êtreである。peut-êtreは、ニーチェがドイツ語で述べていたvielleichtが、フランス語に翻訳された語である。vielleichtには、「もしかすると」「おそらく」といった意味があるが、同時に文中でアクセントなしでつかわれると、主観的な「驚き」を反映することとなる。デリダは、このことに気づいていたのだろうか。

第六章——中動態的に「愛する」

これまで友敵関係の「脱構築」と「感情」（受動性）を論じてきた。「感情」について一つ疑問がある。というのは、デリダは「友愛」を「愛すること」と述べているからである。

そもそも、もし来たるべき、望むべき、約束すべき友愛がないとするなら、わたしは、どのようにすればきみたちの友になることができ、きみたちにわたしの友愛（そしてこの友愛は、愛されることよりも、愛することである）を宣言することができるのだろうか[86]？

「愛する」とはなにか。デリダによると「愛が意味するのは、他者の他者性を否定せず、他者を尊重し、他者に注意を払う肯定的な願望[87]」だとされる。これはつまり脱構築のことである。

問題は、ここでいわれている「愛する」が能動的だということだ。これまで本書がとりあげている「感情」とは、受動的なものであった。くわえて「脱構築は、感情（受動性）によってはじまる」などと述べてきた。「愛する」は能動性なので、受動性によって規定される感情とは異なっている。これはいったいどういうことなのだろうか。

せっかくなので、もう少しこの本に疑問をぶつけてみよう。そもそも本書のように「感情という受動性を重要とみなす」ことに意義などあるのだろうか。脱構築が受動的にはじまるのだとしても、最終的には「愛する」で示唆されるように、能動性のほうが重要ではないのか。受動性に注視することに意味などあるのだろうか。このような疑問は正当かと思われる。いったい、だれに問われているのかはわからないが、わたしには、これらの疑問にこたえる責務があるだろう。

まず本当に、デリダ自身は受動性を重要視する思想家なのだろうか。デリダと「政治」の関係について問うたチャーとゲルラクらは、デリダの思想に受動性を重視する要素を認めている。[88]かれらの指摘は、わたしへの援護のようにみえるのだが、本質的にわたしの見解とは異なっている。たしかにデリダは、これまで本書でもみてきたように、「応答」とか「むかえいれ」「歓待」「感受性」といった受動性をともなう言葉によって哲学する人物ではあった。彼の哲学が、「他者」を常に必要としていたこともそれに通じている。

だがデリダは、随所で彼が述べる受動性は、単なる受動性ではないとも述べている。[89]もっとも、これだけではよくわからない。彼が述べる「受動性」が理解しにくいのは、現代の言語が、「中動態」(middle voice)という文法概念を失った、あるいは抑圧していることに原因がある。そこで本章では、この中動態と脱構築、感情について論じることとしたい。

1節　能動性と受動性

「能動態」(〜する、active voice)と「受動態」(〜される、passive voice)は、動詞の形態の用語である。現代では、「〜する」と「〜される」という二つの態だけがあるかのように考えられている。だが、これは昔からそうであったわけではない。インド＝ヨーロッパ語のなかには、古典ギリシア語まで「中動態」という文法概念があった。現在では能動態と受動態が対立しているが、もともと能動態は、中動態と対立関係にあったようだ。受動態が成立したのは、この中動態よりも後のラテン語からである。
それでは中動態とはなにか。デリダも生涯にわたって引用し続けた言語学者バンヴェニストの定義を引用しよう。

能動態では、動詞は、主語から出発して主語の外で行われる過程を示す。中動態は、これとの対立によって定義されるべき態である。そこにおいて動詞は、主語が過程の座であるような過程を示し、主語のあらわす主体は過程の内部にある。(90)

難解ないいまわしであり、これだけだと、なにをいっているのかわからない。よく読むと、能動態とは、「主語から出発」することから、主語の意志によって動詞がなされることを意味している。それに対して、中動態は、主語から出発しているかはわからず、主語はいままさに動詞の「過程の内部にある」と述べられている。
もっとも、これでもよくわからないので具体的な事例で考えるとしよう。中動態を研究した森田亜紀は、その事例として日本語の動詞「みえる」をあげている。(91)「雲がみえる」といったときの、あの「みえる」である。まずは能動態の「みる」からはじめよう。

(1) わたしは、あなたをみる

(1)は、能動態である。ここに主語の受動性を主張することはできない。これは異論ないだろう。もし主語の受動性を主張するのであれば、主語と目的語の対称関係をいれかえるため動詞を受動態にする必要がある。「わたしは、あなたにみられる」(受動態)。能動態と受動態の世界観は、つまり現代の言語では、この二つの解釈しか認めていない。だが本当にその二つの解釈しかありえないのだろうか。たとえば「みえる」という語はどうだろうか。

（2）わたしは、あなたがみえる

（2）は、はたして能動態だろうか、それとも受動態だろうか。「みえる」というのは、自分の意志とは無関係に目にはいってしまっているので受動的である。だが、みているのは自分なので能動的でもある。それに（2）は、文として少しおかしい。（2）に格助詞をつけたした「わたしには、あなたがみえる」のほうがふさわしくないだろうか。さらにいうと、主語をなくすほうがいいかもしれない。「あなたがみえる」。こうなると、主語は動詞の過程の内部にはいり（バンヴェニスト）、受動的なのか能動的なのかがわからなくなる。

実は、中動態とは、「みえる」のように受動性と能動性の双方をもつ文法用語なのだ。たとえば、いいわけでつかってみたことはないだろうか。だれかに「わたしの秘密をみたでしょう！」と問いつめられたとき、「違う、みたんじゃない！」（能動態）、「みえたんだ！」（中動態）と。これが、なぜいいわけとして口から出てしまうのだろうか。それは中動態には、受動的要素もあるので、責任や意志を見いだせなくなるからである[92]。そのため、いいわけとして、つい現在でもいってしまうことがあるのだ。しかし、それは、能動態／受動態の対立が支配的となった現在の言語、とくに近代言語において、概念化できない抑圧されたものとなっている。だから「みえたんだ！」（中動態）は、いくらいっても理解されることはなく、相手は許してくれない。

中動態研究によると、この中動態に分類される動詞は、サンスクリット語に豊富にあったようであり、古代ギリシア語までは残っていたようだ。だが中動態はラテン語になるとなくなり、かわって現れたのが現在の能動態／受動態の対立である。このように中動態は文法用語から姿を消したが、現在でも「みえる」のような目的語を必要としない自動詞や、ヨーロッパ諸語だとドイツ語のsich（再帰代名詞）をつかった用法、フランス語だと代名動詞の受動的用法にその痕跡が残っているとされる。ドイツ語の場合、たとえばIch ärgere mich（わたしは怒っている）というsich（mich）を使用した例がある。この例は、主語のIch（わたし）が、ドイツ語の「怒らす」という動詞

ärgere を mich（自分自身を意味する再帰代名詞）にかけている構造である。この場合、動詞の主語は「わたし」であり、動詞の目的語も「自分自身」（再帰代名詞）となっている。直接的には、「わたしがわたし自身を怒らせる」という能動的な意味だが、同時に動詞の目的語である再帰代名詞は自分なので受動的ともいえる。このような主語の動詞が自分を意味する代名詞にかかっているような文法構造に中動態の名残がある。

中動態の世界観は、ヨーロッパ諸語だけにあるとは、おそらくいえない。というのは、森田があげている「みえる」のように、日本語のなかにもみつけることができるからだ。脱構築が、能動態なのか受動態なのかを理解する上で、この中動態という文法用語が不可欠なことが、ここから垣間みえる。なぜなら中動態は、「単なる受動性」ではないからだ。

2節　中動態、それは受動性からはじまる

デリダは、彼が提唱した差延などについて、それが中動態（voix moyenne）であると述べている。[93] 脱構築そのものの受動的性格と能動的性格の両面を彼自身が指摘したこともある。[94] そして、本書でもこれまでもみてきたように、デリダは受動性・能動性のどちらも重視する、よくわからない態度をとっていた。これ以上にこまごまと論じていく必要はないだろう。脱構築とは中動態の哲学なのである。

中動態は、能動性と受動性がくみあわさった概念であり、この二つを分けることはできない。というよりも「能動態と受動態が分けられる」というのは、ラテン語以後の言語観に拘束された見方である。脱構築は中動態である、これにより「なぜ受動性も扱わなければならないのか」という疑問は解消されるだろう。あとは、中動態における受動的な側面が重要であることを論証すれば、本書への疑問にこたえたことになるだろう。

わたしの主張は、「中動態は、かならず受動性からはじまる」というものだ。その根拠を説明する事例として、中動態について言及してきた知識人らがあげる日本国憲法、出産、カツアゲ、恋愛について述べてみたい。

日本国憲法

中動態についての書籍がある國分功一郎と対談した大澤真幸は、中動態の例として日本国憲法をあげている。[95] 以下、この対談での大澤の理解にそって述べる。

大澤によると、右翼は、日本国憲法をアメリカの能動性によって「おしつけられた」受動的なものと考えている。他方で左翼は、憲法に「おしつけられた」という日本の受動性を認めない。左翼にとって憲法は、日本の人々が主体的に、能動的に支持しているものである。能動態と受動態の概念からだと、日本国憲法についてこのような二者択一なとらえ方しかできない。

だが、ここで中動態という視点からみてみると、日本国憲法と国民の関係は、受動的なだけでも、能動的なだけでもない解釈がでてくる。それはアメリカの能動性の反対としての日本の受動性ではあるのだが、同時に日本の人々が憲法を能動的に支持もしているようなあり様である。

ここで問題にしているのは、こうした言説の妥当性ではなく、「中動態」とされるものが受動性からはじまることの検討である。そしてこの事例の場合、時間的な経緯からすると、最初にアメリカに「おしつけられる」という受動性が先行していることになる。たまたまかもしれないので次へいこう。

出産

宮台真司は、中動態の例に「妊娠」をあげている。[96] ただし「妊娠」よりも「出産」のほうが明確なので、ここでは「出産」で考えてみたい（わたしの意図は宮台と同じである）。出産は、能動的には行えない。それは性としての男性からの受動性（妊娠）が必要だ。この受動性をもって女性にとっての出産が根源的な男性からの暴力とされることもある。「わたしは、男性に出産（妊娠）させられる」（受動性）。

しかし出産は、産むのはわたしである。「わたしは産む」（能動性）。出産も、能動性と受動性の二つの性質がある中動態ということがわかる。「出産」は、単なる能動性ではありえないし、受動性ともいいがたい。

問題は、その能動性と受動性のどちらが先かである。出産は、男性あるいは母体を出ようとする胎児の能動性による受動性をうけて、その後にわたしが能動的に行う営みである。そのため、どうやらこの事例でも受動性が先にきて、後から能動性がでてくるようだ。はたしてこれはたまたまなのだろうか。

カツアゲと恋愛

國分は、中動態の事例として「カツアゲ」「恋愛」をあげている。[97] カツアゲは、脅されることによって（受動的に）金銭を払わされることだが、払っているのは自分である（能動性）。受動性と能動性の双方の性質をもつカツアゲは中動態である。カツアゲも最初に受動性が来なければならない。もしそこに受動性がない、つまり脅されてもいないのに能動的に金銭を払うのは、通常「カツアゲ」とはいわず、単に金銭的な贈与というだろう。この事例でも、最初に受動性がこなければならない。

最後に、恋愛という事例についても確認しておこう。恋愛は、能動的には行えない。能動的にだれかに恋をすることなどできるのだろうか。恋愛がはじまるためには、やはりまず受動性が必要となる。最初に、だれかに好きにさせられる受動性が不可欠である。だが、そのだれかを好きなのは自分の能動性である。恋愛は、多分に中動態的であり、そしてここでもやはり受動性が最初に要求される。これ以上、事例を増やしていく意味はないだろう。

中動態とは、まず受動性が先行し、その後に自身の能動性となるのである。

3節　先行する受動性、「わたし」へかかるということ

中動態は、かならず受動性が先行しなければならない。これは驚くべき結論となる。つまり脱構築とは、最初から自己が能動性を発揮すること、他者の他者性を想像することを想定しているわけではないのである。「友」と「敵」の二項対立は、自身が能動的に動揺させていくものではなく、到来する他者によって動揺させられるのである。だからデリダは、過剰なぐらいに受動性にこだわっていたのだ。

多くの人々は、とりわけて知識人は、能動性が好きだ。中動態を論じた國分ですら、最後には中動態における受動的な側面よりも、能動的な側面への支持を表明している。たしかに能動性には、自由があり、意志があり、抑圧からの解放といったニュアンスがある。これに対して受動性には、自由がなく、意志がなく、抑圧されているニュアンスがある。人々が、受動性よりも能動性を重視したくなる気持ちはわからなくはない。

だが中動態的なもの、脱構築を論じていくためには、まずは受動性を第一に考えなければならない。なぜならば中動態における能動性とは、受動性によって後から駆動するからである。本書は、この受動性を「感情」として解釈するプロジェクトである。これはわたしの思いつきのプロジェクトではない。

第三章でも述べたように、本書の「感情」は、ダマシオやムフも依拠しているスピノザの「感情」の定義を採用している。ここでスピノザの「感情」の定義を第三章では引用しなかった部分も含めてもう一度紹介しておこう。

感情とは、身体そのものの活動力を増大させたり減少させたり、あるいは促したりまた抑えたりするような身

体の変様であると同時に、そのような変様の観念でもあると、わたしは理解する。こうして、もし、われわれがこのような変様のどれかの十全な原因でありうるならば、その場合感情を、わたしは**能動**（actionem）と解し、それ以外の場合**受動**（passionem）と解する。[98]

このように、スピノザは「感情」を能動とも受動とも解せる中動態的なものと理解している。「脱構築」も「感情」も中動態である。だから本書では、先行する受動性に注目してみたい。これでようやく、能動性よりも受動性のほうがなぜ重要なのか、そして感情によってはじまる脱構築の意義を説明できたといってよいだろうか。

なお中動態とは、わたしがわたし自身へと行う再帰的なものでもある。[99] 前述したドイツ語のような再帰代名詞をつかう例がわかりやすいかと思われる。「再帰的」とは、「自分のために……する」といったことを指す。「友」や「敵」は自分なのだから、友敵関係を動揺させるのもわたしの生成変化、わたし自身がわたしによって変わっていくことによるのである。このようなわけで、本書は基本的に一人称である「わたし」で論じている。本書は、自己がどう変われるのかを問いつづけている。デリダは、フーコーへの私的な手紙のなかで、「われわれ」（we; nous）ではなく、「わたし」という一人称単数で語ることができるような文章の型を自分の「任務」として述べていたが、[100] 本書はその任務をひきうけている。

脱構築は中動態的であり、「わたし」すなわち個人的なものである。このため、個人をどのように考えるのかについて議論をすすめる必要があるだろう。

第七章——個人・固有名

国家と政治に対する批判的な不信は、どこまでも個人こそが**出発点**であり**終着点**であるという体系の諸原理から容易に説明される。[101]

（カール・シュミット）

リベラリズムの思考の特徴である方法論的個人主義は、集合的本性への理解をあらかじめ不可能にしてしまう。[102]

（シャンタル・ムフ）

「友」と「敵」の思想家は、個人や個人主義に批判的である。というのも、個人・個人主義には、友敵関係を動揺させる要素があるからだ。この個人が集団間の対立を否定するというのは、それほどめずらしい考えではない。「日本と韓国が対立しています。どうしたらよいでしょうか?」とたずねたら、十代の学生でも「一人一人が顔をあわせて対話するのがいいと思います」とこたえるかもしれない。

しかし、なぜ個人には、政治的なものを否定する要素があるといえるのだろうか。本章では、この「個人」に着目し、友敵関係が個人と個人の関係から動揺させられる旨を論じる。

1節　固有名と一般名

「友」と「敵」は、かならず一般名詞とその述語として語られる。「日本人は礼儀正しい」「難民は犯罪者である」「女性は劣った生き物だ」など。こうした記述の主語は一般名詞であり、「友」や「敵」の内容とはその述語である。

他方、固有名詞で語られる「敵」はいない。わたしが難民のなかのAという個人・固有名詞を「敵」とみなしても、それは「私怨」であり、「私敵」として名指しているにすぎない。わたしが「ジャック・デリダは嘘つきである」と語り、それを「政治」だといいはっても、受けいれられることはないだろう。「勝手にいっていろ」などといわれるのではないだろうか。私敵とは、政治的たりえないのだ。だが集団同士である「日本人」と「中国人」が対立するのだとすると、それは「政治」といえる。シュミットが述べるように「政治」は、一般名詞と一般名詞の対立としてしか成立しえない。

本書では、固有名詞や一般名詞という言葉を用いて「個人」「集団」について論じる。ただし、このままだと少し問題がある。文法用語である「固有名詞」と「一般名詞」は、個人や集団以外にモノなども含めるので広すぎる概念である。「友」と「敵」は主として人間に対しての名づけである。そこで以下から個人の名を「固有名」、集団の名を「一般名」として論じていくこととしたい。(103)

固有名と一般名の具体─抽象関係

まずは固有名と一般名の関係を理論的に述べよう。固有名と一般名の関係とは、具体─抽象である。具体とは、具体性を増すにつれて情報量が多くなり固有名同士の矛盾を生み出す。逆に抽象的になるとは、情報量を減らすことで固有名の矛盾を包含でき、一般名となる。情報量は固有名のほうが多く、一般名のほうが少ない。このように述べると、ややこしいことのように思われるかもしれないが、意味していること自体はとても単純である。

固有名Ⅰ「ジャック・デリダ」、一般名「哲学者」の例で考えてみよう。デリダ（固有名）は個人の名であり具体的である。哲学者（一般名）は集団の名であり、固有名とくらべると抽象的になっている。ここで「デリダ」と「哲学者」では、どちらの情報量が多いといえるのだろうか。デリダは哲学者なので、固有名Ⅰのほうには「哲学者」と「デリダ」という二つの情報があることになる。一般名「哲学者」では、「哲学者」という情報が一つあるが、それ以上の情報はないので、だれのことなのかはわからない。「哲学者」という一般名だけでは、デリダのことかもしれないし、ソクラテスのことかもしれない。ここから情報量は、固有名のほうが多く、一般名は少ないことがわかる。

ここでもう一人、固有名Ⅱ「リチャード・ローティ」をいれてみよう。ローティの情報量は、「哲学者」と「ローティ」の二つなので、固有名Ⅰ「デリダ」と同じである。固有名Ⅰと固有名Ⅱは矛盾する。「ローティ＝デリダである」と述べるのは、まちがいであるからだ。

だが一般名で考えると両者は矛盾しない。「哲学者＝デリダ、ローティ」はまちがいではない。ここから一般名とは、固有名同士の矛盾を包含する性質があることがわかる。それは一般名のほうが、固有名よりも情報量が少ないことによって可能となっている。これはあらゆる関係についていえる。固有名である「カール・シュミット」と「シャンタル・ムフ」なら矛盾するが、一般名「人間」において二つの固有名の矛盾は包含されている。この固有名の情報量が多いという点が一般名を動揺させる最大のポイントである。

固有名の具体性

「友」と「敵」は、かならず一般名同士の関係である。そして「友・敵」は、一般名の述語で構成されている。「中国人は、尖閣諸島を狙うろくでもない奴らだ」といったように。

それでは、なぜ固有名・個人が、「友・敵」の述語を動揺させるのだろうか。その理由は、固有名の情報量が多いことによる。もう一度、一般名「哲学者」の例で考えてみよう。たとえば、「敵」の物語として、「哲学者は、理性中心主義で、感情のことは考えていない奴らである」と考えている人物がいるとしよう。もし、この人物が感情を重視する哲学者に包含されている固有名「ローティ」と遭遇するとどうなるだろうか。ローティと出会うことで、その人物の一般名「哲学者」の記述は動揺するかもしれない。

これは一般名と固有名では、情報量の格差があるために起きることだ。一般名は、複数の固有名を集団として包含するためのものだが、そのためには情報量を減らす必要がある。情報量を減らさないと、固有名と固有名の矛盾を包含できないからである。ここで述べていることは、とても単純である。「女性は男性を憎んでいる」と述べる者に対して、「いや、xという、そうじゃない人もいるんだよ」という日常的にもありふれた会話を少しだけ形式的に述べているにすぎない。

なぜ友敵関係を訴える者たちは、個人・個人主義を批判するのだろうか。その理由は、友敵関係とは一般名の二項対立であり、固有名は一般名の記述を動揺させる可能性があるからだ。こうしたことは、シュミットの読解からもみえてくるので、次はそちらのほうをみてみるとしよう。

2節　公敵と私敵

本節では、いまいちどシュミットをむかえいれて、彼が述べる「私敵」と「公敵」という観点から、固有名が一般名を動揺させる意味を別の角度から考えてみたい。

「汝の敵を愛せ」における「汝」とは？

シュミットの「私敵」と「公敵」の議論は、福音書に関連して行われたものである。福音書には、「汝の敵を愛せよ」（マタイ五―四四、ルカ六―二七）という一文がある。「愛敵」ともよばれている。シュミットが「愛敵」にこだわる理由は、この一文が彼の友敵の思想と衝突しているようにみえるからである。キリスト教を否定したくはないシュミットにとって、福音書の「愛敵」の一文は厄介である。彼は、いかにして愛敵を否定せず、なおかつ友敵関係を形成できる論理を考えだしたのだろうか。

シュミットの戦略は、私敵と公敵をわけることであった。彼は、福音書の「汝の敵を愛せ」における「敵」とは、ギリシア語でエクトロス（ἐχθρός）であり、ラテン語だとイニミクス（inimicus）だと述べる。イニミクスとは公の「敵」ではなく、「私敵」のことだというのである。[104] そして「公敵」とでも訳されるのはポレミオス（πολέμιος）のほうだと述べた上で、福音書ではポレミオスについてなにも言及していないと論じている。たしかに、コイネーギリシア語で書かれた聖書の該当箇所は ἐχθρούς（主格 ἐχθρός の複数・対格形）であり、ラテン語聖書でも inimicus という語がつかわれている。πολέμιος という語は、福音書の該当箇所では使用されていない。

愛敵における「敵」が「私敵」、本書のいい方だと個人・固有名の「敵」に限られるのであれば、一般名としての「公敵」を愛する必要はなくなり、「友」と「敵」としての関係をつくることができる。この見解は、一見すると筋は通っているようにみえるが、はたして妥当なのだろうか。

個人との遭遇

デリダは、シュミットの議論について、いくつか批判点をあげている。[105]要約的にいうと、①シュミットの見解は文献学的にただしいのか、②公私の分離に批判的なシュミットが公敵と私敵をわけるとは何事か、③公敵と私敵をわけることなど本当にできるのか、である。このうち①は、文字通り文献学的な研究にゆずるしかないので本書ではふれない。次に②であるが、シュミットは「公私の分離」という考え方には批判的なので、②の指摘も可能だがこちらもふれないでおこう。より内在論理にかなう批判となりうるのは③の公敵と私敵をわけることができるのかどうかである。これは一般名と固有名の「敵」をわけられるのかどうかと読みかえることができる。もし公敵と私敵をわけることができるのであれば、わたしの議論は破綻することになる。なぜならば、固有名によって一般名が動揺する可能性が閉ざされることを意味しているからだ。

デリダは③についてあまり明示的には論じていないのだが、③の公敵と私敵をわけられるのかどうかの是非は次で述べるようにむずかしくない。まず公敵と私敵をわけるとはどのようなことをいうのだろうか。たとえば「在日コリアンは嫌いだけど、在日コリアンの友人Ａさんは好き」といったような命題である。だが、この命題は矛盾している。この命題の論理をあらわすと次のようになる。

大前提　わたしは、在日コリアンが嫌いである
小前提　Ａという人は在日コリアンである

結論　したがって、わたしはAという人が好きである

ここで結論は、大前提と明らかに矛盾している。だが、この矛盾しているという点こそが、固有名が一般名を動揺させる理由にもなる。「Aさんが好き」というのであれば、大前提をたとえば「在日コリアンのなかには好きな人も嫌いな人もいる」等に変更することが要請されるからである。これは、一般名の記述が動揺させられる可能性があることをあらわしている。公敵と私敵をわける命題は、論理的な矛盾を含む。以上から、「汝の敵を愛せ」を公敵と私敵にわけて解釈することはなりたたない。

「友」と「敵」という一般名の記述は、そのままでは変更することが困難である。「日本人」だとか「中国人」だとかのイメージを変更するのはむずかしい。だが固有名との遭遇によって、一般名の記述が動揺させられる可能性は常に開かれている。固有名と遭遇することで、一般名の記述は固定的なものになるとは限らなくなる。ありていにいえば、在日コリアンのだれかと出会うことで、わたしが思うところの「在日コリアン」の記述は、もしかすると「友」なのか「敵」なのかよくわからなくなるかもしれない。

3節　一般名の名指しによって失われるもの

政治的なもの、友敵関係、一般名と一般名の二項対立を動揺させる立場は、最初から最後まで個人を語ろうとする。「国家と政治に対する批判的な不信は、どこまでも個人こそが**出発点**であり**終着点**であるという体系の諸原理から容易に説明される」[106]（シュミット）。逆に友敵関係の形成を目指す者は、その過程で固有名にふれることがあるのだとしても、最後にはかならず一般名をもちだす。後者のほうで失われるものとはなにか。

一般名の名指しによって失われるものとは、膨大な固有名の記述である。世界にはいろいろな人がいるということがかえりみられていない。シュミットやムフが個人という観点を批判することで意味しているのは、世界にはいろいろな人がいること、膨大な個人と個人の関係性がありうることを無視しろということである。

「友」と「敵」という一般名による二項対立は、大きな無理をすることでなりたっている。一般名は、固有名の情報量を捨象することで、無理やり集団として包含するからである。個々人の具体性・個別性を無視することではじめて「友」と「敵」という二項対立が成立する。だが、この二項対立は、いわゆる「現実」に存在するのではなく、自己の思いこみでしかない。「現実」に存在するのは、「友」と「敵」のあいだにある無限とよぶにふさわしい個人と個人の関係性である。第五章でシュミットを通して「友」や「敵」の定義不可能性を論じた。これが生じるのは、どれだけ精巧に「友」と「敵」を定義したところで、さまざまな個人がいるということ自体が、その記述が動揺させられる可能性に開かれているからである。

たしかに個人と個人の関係が一般名としての「敵」となることもありうるだろう。たとえば、嫌いな女性xという人物への私怨から、一般名としての女性そのものが「敵」になるような場合である。だが、x以外の別の固有名の女性とのめぐりあいによって、わたしのなかの「敵」としての「女性」が動揺させられる可能性は、いつまでもありつづけている。

友敵関係という二項対立の動揺とは、未知に恐怖・驚愕し、未来の偶然性へ開かれることだと述べてきた。これを一般名と固有名の議論におとしこむと、どういう理解となるだろうか。未来への開きとは、これから出会うかもしれない固有名のことだ。集団の名である一般名に対して、個人の名である固有名は常に多様である。世界にはさまざまな個人がおり、その関係性のすべてを知ることはできないという意味で未知といってよいだろう。個人と個人の膨大な組みあわせが実際にどういう形となるのかは、偶然性に左右される事柄でありわからない。だがこのわからないということが、「敵」としての一般名の記述を動揺させる可能性、すなわち未来への開きである。それでは未知への恐怖と驚愕とはなにか。それは、自己が思うところの一般名の記述と固有名の記述が矛盾することだ。この矛盾に驚くとき、固有名としての他者を新たに想像しようとする可能性、そして一般名の記述が動揺させられる可能性が開かれるのだ。

第八章——集団と孤独

政治的なるもの、友敵関係とは、集団と集団の関係である。一般的にも、共同体と共同体が友敵関係となりがちなのは、よく見受けられる光景といえるだろう。また集団と集団が対立している場だと、その両者を行き来する個人は嫌悪されがちである。たとえば、なんらかの党派や共同体に属している者が、別の党派や共同体の者たちと会話をしたり、相手側の党派の意見を代弁したりすると、それだけで「裏切り者」扱いされたり、場合によっては「敵」以上に執拗に責められたりすることがある。個人と個人の関係が友敵関係を動揺させる可能性があるのだとしても、集団と集団の関係がそれをさせないといったことが生じうる。

祭りや集団スポーツから戦争まで、集団にはなんらかの狂騒性がある。それは他者とむすびつきたくなるような、他者と一つになりたがるような魅惑である。この魅惑とはなにか。なぜ人はだれかと一体化しようとしてしまうのか。本章では、この集団が有する性質と、集団と個人について考えてみたい。

1節　同一化なのか、模倣なのか

最初に集団的なものの危うさに関する先行する考察をみてみよう。現代哲学や社会科学の理論のなかで、集団を扱った概念には大きく二つあるかと思われる。一つは、ファシズム（あるいはナチズム）分析からはじまったフランクフルト学派第一世代の理論である。いま一つは、現代では忘れられてしまった社会学者タルドと、そのタルドを再発見したドゥルーズ＝ガタリの考察である。まずは前者の同一化の議論からみてみることとしよう。

同一化

ファシズムのような集団的な狂騒性や敵意はいかなる条件によってつくられるのだろうか。第一にあげられるのは、二〇世紀半ばにフロイトの精神分析に影響を受けたエーリッヒ・フロムやテオドール・アドルノといった、フランクフルト学派第一世代の議論である。かれらの議論は、一九三〇年代のファシズムについてなされている。いまでは一般にもよく知られている議論なので手短に述べよう。

フロムによると「ファシズム」とは、[107]経済的には一九二九年の世界恐慌以降に中産階級の没落があったこと、だがなによりも社会的には近代以降の地域共同体やギルド、教会といった中間団体の衰退によって人々が孤立化し、不安や孤独感を抱くようになったことで生じた。とくに後者は、ファシズムを支持した人々の「人間的な問題」である。現代でも右傾化や排外主義に染まる人々は、「承認不足」「孤立」「疎外」といったことから説明されることも多いが、[108]そうした見解の原型はフロムの分析である。

アドルノは、フロムを受けて、当時の社会心理学者たちと『権威主義者のパーソナリティ』（一九五〇年）を著した。この著作では、どのような人物がファシズムのような体制を支持するのかが調査されている。調査項目自体はいくつもあるのだが、ここで注目したいのは「同一化」（identification）という概念である。「同一化」とは、文字通り自分を特定の人物と重ねることを意味する。たとえば映画をみるときに、登場人物に自分を重ね、その登場人物になりきるようなことである。アドルノらは、ファシズムを支持するような人物について次のように述べている。

主要な力点は、特定の少数民族集団に対する差別におかれるべきではなく、ステレオタイプ化、情緒的な冷たさ、権力との同一化、一般的な破壊性といった現象におかれるべきである。[109]

ナチズムにおいては、「英雄的」とされたファシズムのリーダー、たとえばヒトラーに自分を重ねるといったことが行われることで、自己と他者を同一視し、集団的な狂騒性を説明できるというわけである。

模倣

集団的なものを説明するもう一つの概念は、「模倣」(imitation)である。模倣から社会を考察した社会学者にガブリエル・タルドがいる。タルドは、デュルケームと方法論的な論争もかわしているのだが、デュルケームが現在でもよく知られているのに対して、タルドのほうはあまり周知されているとはいいがたい。

タルドによると、社会は模倣から構築されている。彼によると「模倣」とは、

ある精神から別の精神に対する距離を隔てた作用という意味と、ある脳内におけるネガを別の脳内における感光銀板によって写真のように複製する作用という意味である。〔……〕わたしが模倣と呼ぶのは、それが意図されたものであるかないか、あるいは受動的なものであるか能動的なものであるかにかかわらず、精神間で生じる写真撮影のことである。[110]

タルドにとって「模倣」とは、個人と個人のあいだで生じる精神的な写真撮影というメタファーで理解されている。ここで「模倣」は、身体的というよりも、精神的な作用であることが示唆されている。このタルドの「模倣」

に着目したのが、二〇世紀後半のデリダと並ぶフランス語の代表的な哲学者ジル・ドゥルーズと、精神分析家フェリックス・ガタリである。ドゥルーズ＝ガタリによると、

ミクロの模倣は、明らかに一個人から別の一個人へと波及していくと思われる［……］。それと同時に、物事の根本をみるなら、ミクロの模倣は流れや波動に関係しているのであって、個人に関係するのではない。**模倣とは流れの波及である。対立（opposition）とは流れの二項化、二項構造化である。創意はさまざまな流れの接合あるいは連結である。**ではタルドにとって流れとはなにか？　信念あるいは欲望のことである（それが、あらゆるアレンジメントの二局面に相当する）(11)。

ドゥルーズ＝ガタリは、なかなか独特な言葉遣いをしているので、慣れていないとわかりにくい。ひらたくいうと、模倣とは個人間の作用なのだが、同時に個人が自由意志で好き勝手にやるものではなく、社会的なものでもあるということだ。たとえば商品の「生産―消費」の例で考えてみよう。なんらかの商品の生産は、個人的なものではなく、消費する人たちまで含めた一つの「流れ」である。生産も消費もこの流れに関係するのであって、個人によるものだけとはいいがたい。そしてこの商品の生産―消費は、社会的な欲望や信念のためにある。模倣は、こうした「流れ」と同じであり、流れにそうように、個人を集団化する。そして模倣が複数の集団で異なったものとして形成されると、「対立」「二項構造」となる。この二項構造を友敵関係と読みかえてもよいだろう。

政治的な欲望や信念の場合も模倣が流れとして形成されるし、それが友敵関係ともなりうる。模倣による政治的な二項構造はよくみかけるのではないだろうか。たとえば右翼―左翼や男性―女性といった対立があるところでは、「われわれ」においても、「あいつら」においても個々人の言説・主張がよく似てくる。よく似てくるのは、それが

模倣だからである。

同一化と模倣

本書で「同一化」もしくは「模倣」を考えていく上で疑問が二つある。一つは、同一化と模倣の概念のどちらが現代において有効なのだろうかというものだ。いま一つは、同一化や模倣は感情といかなる関係にあるのだろうかというものである。前者から考えてみよう。

石田英敬によると、現代のインターネットといった技術を介した集団化は、同一化よりも、模倣によってとらえるべきだという[112]。同一化は、前述したように自分をヒトラーに重ねるといったことを指す。たしかに一見すると、この同一化とくらべると模倣による集団化は異なったものであるように思われる。だが、他者を自同者として扱う点においては、同一化も模倣もそれほど違いはないかもしれない。どういうことだろうか。

タルドとドゥルーズの模倣の議論に戻ろう。タルドによると「模倣」とは「反復」のことである。模倣が反復というのは、直観的にも理解できるのではないだろうか。というのは、過去に行われた他者の行為を自分が再び行うのが模倣なので、行為という点において、反復されたものといえるからだ。ここで注目したいのは、模倣を反復とするタルドを受けたドゥルーズの「反復」とはなにかということである。

ドゥルーズにとって「反復」は重要なキーワードの一つである。そして彼の「反復」は、ナルシシズム（自己愛）としても論じられている[113]。反復は、過去の理想化された人物に同一化する、あるいは自己愛によって可能となる[114]。模倣（反復）と同一化は、他者を自同者とする自己愛においては同じものといえる。

模倣・反復が他者との同一化、そして自己愛だとして、そこで失われるものはなにか。もう一度タルドに戻ろう。タルドの世界観によると、本来、個人個人は異質なものである。模倣とは、この、もともとは多様な諸個人を「同質」なものとして同じにする。本来は異質である諸個人を、模倣はまるで同質であるかのように構成してしまう。その上でタルドは次のように述べている。

「無数の要素が生まれたときから永久に同質なものとして共存している」という考えほど、滑稽でばかげたものがあるだろうか？　事物は同質なものとして生まれついているのではなく、同質なものになっていくのである。諸要素に内在する多様性こそは、それらの**他者性**（altérité）を説明する唯一のものではないだろうか？[115]

「諸要素に内在する多様性」こそが他者性を説明するのであれば、模倣によって失われるもの、自己愛によって失われるものとは、他者の他者性を想像しようとすることである。皆が多様ならば、「あの人はどういう人なのだろうか？」と想像したりもするが、自分も他者も同じであるのならば、他者の他者性を想像しようとはしない。同質性の世界では、他者はおらず、自分しかいない。模倣によって政治的な二項対立が形成される場では、自己愛により他者の他者性を想像しようとはしなくなるのである。

同一化と模倣および感情

二つ目の疑問を論じよう。同一化や模倣が他者の他者性を想像することの欠如なのだとしても、それらを「感情」ということはできるのだろうか。まず前提として、タルドは模倣を感情とは述べていない。ドゥルーズもそのようにはいわないだろう。だが、これはかれらの「模倣／反復」という概念からいえることであり、「感情」を模倣とよぶことは可能かと思われる。どういうことか。本書が拠り所とする「感情」は、スピノザやダマシオが述べる「感情」であった。実は、スピノザは感情を模倣としてもとらえている。

われわれは、われわれに似ているものがあると、それにたいしていかなる感情ももたないのに、それがある感情に動かされるのを想像される場合、ただそれだけで、それと似た感情に動かされる。[116]

ある感情に動かされている者がいると、自分もその感情を（中動態的に）模倣しようとする。たとえば、悲しくて泣いている者が目の前にいると、自分も悲しい気持ちになるという具合にである。こうした感情による模倣的な作用は、「情動伝達」として実証的な研究でも検証されている。「情動伝達」は、SNSといったインターネット上でも生じるようである。[117]このように同一化・模倣は、スピノザの感情によっても見いだすことができる。要約すると、同一化と模倣は、集団を説明することについてどちらが優れているにせよ、他者を自同者として扱う点においては同じ作用であり、同時に感情として扱うこともできる。

スピノザの感情による集団化の有効性を見いだした者としては、前述したとおりムフが挙げられる。ただ「感情」による集団化に近年もっとも感嘆し、論じた人物というと、意外かもしれないがネグリ＝ハートになるかと思われる。

2節　ネグリ＝ハートにおける集団化と感情

ネグリ＝ハートの二人は、グローバル化する現代において超国家的な「帝国」（empire）が形成されるなかで、その「帝国」に対する抵抗勢力として世界市民的な「マルチチュード」を論じたことで知られる。ネグリらは、書籍『叛逆』(*Declaration*)[118]のなかで、二〇一〇年に生じたオキュパイ運動に「抵抗」の兆しを見いだしている。そこでかれらは、個人を集団化するための方法として「ともに存在する」(being together)ことを挙げており、それを次のように述べている。「ともに存在する」こととは、

それは特異なもの(singular)へと生成変化することだ。なぜなら特異なものになることは、個人化されることとは対照的に、ともに存在する主体の力をふたたび見いだすことを意味しているからである。特異なものとなった主体性が発見するのは、他の特異性とともに集合的な主体性をふたたび合成することなしにはいかなる出来事もおこりえないということだ。それはつまり、叛逆することなしに特異な主体性がともに存在することはありえないということである。[119]

かれらによると、「ともに存在する」こととは、「個人化」されることとは対照的に、「特異」な「集合的な主体性」をとりもどす方法なのである。[120]「バラバラな個人」では「政治」にはなりえないが、集合的な主体を獲得することで、政治的な目的を成し遂げることができるようになる。

ネグリらによると、「ともに存在する」集合的な主体性の肯定はマルクスも行っている。一九世紀半ばにマルクスは、革命の主体を農民ではなく、都市部の労働者に見いだしていた。ネグリらによれば、その理由は、都市部と農村の情報やコミュニケーション格差ではなく、「プロレタリアートたちが工場のなかで物理的、身体的に協力しあって、ともに働いている」[121]からである。「ともに存在する」ことは、感情を喚起させる環境や条件なのである。

階級と政治的行動の基盤は、主に情報の流通を通して形成されるわけでもなければ、観念によって形成される

わけですらない。そうではなく、その基盤は、政治的感情（political affects）の構築を介して形成されるのであり、そしてこの政治的感情の構築に必要なのは、身体的な近接性である。[122]

「ともに存在する」ことは、それが同一化であれ模倣であれ、ネグリらにとっても「政治的感情」を形成する環境・条件ととらえられている。そこでかれらが指摘する具体的な感情とは、「憤慨」（indignation）である。[123]この「憤慨」とは、かれらの主著『コモンウェルス』によると、スピノザが述べる「憤慨」を指している。[124]そのスピノザによると「憤慨」とは、「他人に悪をなした人に対する憎しみ」[125]である。ネグリらにとって「他人に悪をなした人」、あるいは「敵」とは、かれらが「帝国」とよぶものを指す。「帝国」に害を与えられた人々が「ともに存在する」ことで、憤慨し、集合化することで、叛逆へとつながる。なお、スピノザによると「憤慨」は「憐れみ」の反対である。[126]

あまり注目されていないのだが、ネグリ＝ハートが感情による集合化を発見したことは特筆すべきである。というのは、二〇〇〇年代にかれらが『帝国』や『マルチチュード』『コモンウェルス』を著した際に、のりこえなければならない問題であったのは、差異の政治やアイデンティティ・ポリティクスが提起した課題だからである。どういうことか。

一九世紀の共産主義は、資本家と戦う労働者たちという利害関係での一致がありえた。もちろん、歴史的に少なくない地域で、労働者インターナショナリズムは、ナショナリズムという別の集団によって最終的には敗北している。しかし当時は、少なくとも民族をこえた「階級」という利害関係があるのだと堂々と主張することはできた。プロレタリアートという階級は、国境・国民・民族をこえてブルジョワジーに搾取されるということをもって、利害が一致していると主張することができ、世界的な連帯を可能とする思想となりえた。

ところが現代では、差異の政治等によって、こうした世界的な利害関係の一致を見いだしにくくなったという事情がある。たとえば「女性」で世界的に連帯しようとしても、スピヴァクが指摘したように、同じ「女性」でも北側諸国と南側諸国では利害関係が一致しないとされるようになった。こうなると「女性」という属性をもって、世界的に共通する利害関係があると述べることがむずかしくなる。現代は、一九世紀の「階級」のように世界的な連帯を訴えることが困難となったのだ。こうした事情は、ネグリ＝ハートらも熟知している。かれらの「マルチチュード」が、「AではないBではないCでもない、どれでもない、これら以外のなにかである」といった論理、哲学用語でいうと否定神学的な形となった理由はここにある。

二〇〇〇年代に提唱されたころの「マルチチュード」は抽象的なものにとどまっていた。だが「ともに存在する」こと、そして「憤慨」という感情によって、多様な利害関係を抱えた諸個人を集合化するアプローチが可能となったのである。そうであれば、利害関係を調整する必要などもはやなく、ただデモに参加し、広場を占拠することで集合的な主体を形成する、すなわち「敵」を名指しながら「友」となればよいのである。かれらによれば、叛逆とは、

これはマニフェストではない。マニフェストは来るべき世界を垣間みせ、いまだ亡霊にすぎないものを変革の担い手として主体化してみせる。マニフェストの働きは古代の預言者のようなものであり、自らの構想によって自分に従う民衆をつくりだす。今日の社会運動は、その秩序を逆転させ、マニフェストの創造も預言者も時代遅れなものとした。変革の担い手たちはすでにストリートに降りたち、街の広場を占拠している。(127)

「マニフェストではない」とはどういうことか。それは具体的に利害関係を調整したりするような理念、主張、政策ではないということだ。理念や主張をうちたてると、運動参加者内の利害関係を調整しなければならないとい

う厄介な問題がでてくる。だから理念や主張を述べるのではなく、「ともに存在」し、「憤慨」すればよいのである。多様な者たちのあいだでも支持されうる主張とは、抽象的でどうとでもとれるような言葉、「わたしたちは99％」といったような、ラクラウが述べる「空虚なシニフィアン」でなければならない[128]。このような集団化を動揺させるものとはなんであろうか。

3節　孤独

集団化は、友敵関係を形成しうる。友敵の思想は集団的・集合的なものを擁護する。逆に友敵関係を否定・動揺させる、他者の他者性を想像する思想とは、集団的なものを批判し、個人的なものを擁護することになるだろう。本書との関連でいえば、たとえばレヴィナスは集団そのものを「自分と他者の異質性を否定する」と批判的に述べている[129]。デリダもパトチェカ論などで、祭りのような集団的狂騒性を警戒的に論じたことがある[130]。ドゥルーズ＝ガタリも集団的な思考（モル状）に対して、個人的な思考（分子状）を対置させている[131]。

それでは、なぜ人は集団へと一体化したがるのだろうか。この章では、主にフロムやドゥルーズを通して考えてきたので、かれらの見解をもう少しみてみることとしよう。フロムは、人々が集団へと向かう傾向を「一体感」（feel one, union）とか「祝祭的興奮状態」（orgiastic states）といった言葉で論じた上で次のように批判的に述べている[132]。

現代の西洋社会でも、孤立感（separateness）を克服するもっとも一般的な方法は、集団に同調（union with group）することである。集団に同調することによって、個人の自我はほとんど消え、集団の一員になりきることが目的となる。もしわたしが皆と同じになり、ほかの人と違った思想や感情をもたず、習慣においても服装においても思想においても集団全体に同調すれば、わたしは救われる。孤独（aloneness）という恐ろしい経験から救われる、というわけだ[133]。

フロムによると、人が集団的なものへむかうのは、「孤独という恐ろしい経験」から救われるためである。フロムにおいても集団への同調は、他者を尊重せず、他者を自分と同じとする、自己愛を意味する。そして自己愛は、だれかに「愛される」ことを第一に考えてしまう、だれかとつながりつづけることを求めてしまうことだという。「愛される」ことを求める自己愛ではなく、だれかを「愛する」ためには、一人でありつづける能力が求められる。だからフロムは次のように述べる。「逆説的だが、孤独でありつづける能力こそ、愛する能力の前提条件なのだ[134]」。

フロムのこの見解には違和感を覚える人もいるかもしれない。だが、日常的にも、フロムが述べていることにあてはまる事例をいくらでも見つけられるに違いない。というのは、自己愛にふけり、他者を尊重しないことを「愛」とよびはしないからだ。たとえば、親子関係ならば、親の理想をこどもに押しつけることや、子離れできずにいつまでもこどもと一緒にいようとする親、あるいは性愛関係ならば相手の事情を考えずに常に連絡をとりたがる、常につながりたがるようなこと。もう少し一般的にいうならば、自分の幸せばかりを考え、他者の幸せには配慮しない者、他者を自分の所有物のように扱うことがあげられる。このように他者を尊重せずに、他者を自同者として扱うことを通常「愛」とはよばない（当人らはよぶかもしれないが）。人が「愛」とよぶのは、「他者の他者性を否定せず、他者を尊重し、他者に注意を払う肯定的な願望」（デリダ[135]）のほうだろう。そして、これが可能となる前提条件とは、だれかと無闇に一体化することをやめて、一人になれる、孤独になれるような状況のときだ。前章では、個人と個人の関係から友敵関係が動揺させられると述べたが、本章ではこの個人と個人の関係を「孤独」としてより掘り下げて考えることになる。

ここで一つ疑問が生まれる。これまで脱構築は他者をむかえいれるものでもあり、かならず他者を必要とすると述べてきた。そうであるとすると、「孤独」とはいったいなにか。孤独というと、他者をむかえいれるのではなく、他者を拒絶するニュアンスを感じさせる。これをどのように理解すればよいのだろうか。

孤独と孤立

「孤独」と「他者のむかえいれ」をいかに考えればよいのだろうか。まず「孤独」とは、人の属性ではない。つまり「孤独な人」などを意味しているわけではない。人はだれでも孤独になるときもあれば、そうでないときもあり、それは属性ではない。ここで述べる孤独とは、集合的なもの、友敵関係を動揺させる感情を喚起させる環境・条件のことである。

孤独とは、わたしが他者といるとき、他者を自分とは異なる存在とすることである。たとえば自分と同じ考えだと思っている知人と話している最中に、二人の考え方が実は違っていたことに気づくときがそうである。孤独によるこの切なさとも寂しさともいえそうな感情を孤独感とよぼう。

孤独と孤立は違う。文字だとまぎらわしいので注意しよう。孤立とは、一人でいることであり、一人でしか可能ではない。単に部屋に一人でいるのが孤立である。孤立は他者を必要としない。他方で孤独という条件に置かれるためには、かならず他者が不可欠である。他者がいて、その他者と自分との違いを認識するのが孤独なので、孤独感を一人だけで感じることはできない。だが、同時に孤独感は集団的なものを否定する。なぜなら他者と自分の同一化・模倣とは異なり、自分と他者を別個の存在とするからである。他者の他者性を想像することは、自分と他者が異なる存在であるという恐怖と驚きによってはじまる。このように孤独を考えれば、集団化とは異なり、孤独でありつつ他者を必要とすると述べることに無理はないだろう。

「孤独」といったものをもちだすと、コミュニタリアンなどから批判をうけるかもしれない。だが、孤独はバラバラの個人（孤立）を意味しないし、共同体を否定するものでもない。「孤立社会」などとよばれるものとも無関係である。というのも、孤独はかならず他者を必要とするからだ。

4節　孤独という絶望

個人・孤独であることのむずかしさは、ドゥルーズが作家D・H・ロレンスを論じた文脈で指摘している。本章の最後にドゥルーズの指摘をみてみたい。ドゥルーズの議論の背景にあるのは、ロレンスの著作『黙示録論』（*Apocalypse* 1931）である。[136] 同書は、本書でも前述した福音書の「敵を愛する」ことをめぐる二つの解釈の問題からはじまる。

ロレンスによると、キリスト教にヨハネは三人いる。一人目はイエスに洗礼を施したヨハネ、二人目は福音書を書いたヨハネ、三人目は黙示録の著者ヨハネである。初期のキリスト教では、福音書と黙示録のヨハネは同一人物であるとする説もあったようだが、ロレンスによるとそれはありえない。「汝の敵を愛せ」と述べる福音書と、[137] 非キリスト教との最終戦争を訴える黙示録、つまり友敵関係を訴える黙示録が同じ人物によって書かれていることなどありえない。この二作がどれだけ寄せ集めの資料で構成されており、どれだけ多様な要素があろうとも、二つの異なる見解が同じ人物からでてくるとする解釈などありえるわけがない。

ロレンス『黙示録論』は、こうした議論をさまざまに展開しているのだが、最後に次のような問題提起がある。

ロレンスによると福音書こそキリスト教の本義なのだが、それでもキリスト教は黙示録のようなものを同時に生み出しているという事実がある。それはなぜか。彼によるとその理由は、人は孤独であることに絶望し、やがて集団と一体化することを求めてしまうからである。

ドゥルーズは、論文「ニーチェと聖パウロ、ロレンスとパトモスのヨハネ」において、ロレンス『黙示録論』の主題を扱っている。そこでは福音書のヨハネを「貴族的、個人的、優しい愛に満ち、デカダン的、文化的に洗練」されているとし、黙示録のヨハネを「集団的、大衆的、憎悪に満ち、野蛮で野性的」と評している。[138] 彼は福音書のヨハネを「愛の宗教」（人間愛、精神的・霊的な愛へのとりくみ）とよんでおり、黙示録のヨハネを「権力の宗教」（全コスモスに及ぶ恐怖と死の世界）と述べる。だが、ドゥルーズによると、この二つは一人の人物が相反する形で有しているという。

ドゥルーズはロレンスが述べる「絶望」をうけて、福音書の個人性には、黙示録の集団性につけこまれる弱みがあると指摘する。福音書のヨハネの弱みとは、他者からは「なにも奪わず受けとらずに、ただ与えたい」という、どこか「自殺的な生き方」である。[139]

いうまでもなく、フロム、ロレンス、ドゥルーズの議論は、文脈や詳細が異なるのだが、いずれも「個人」「孤独」であることのむずかしさを論じている。フロムやロレンスが述べる孤独者が集団へとむかう傾向、ドゥルーズが指摘した個人性の弱み、こうしたことを無視できるとは思えない。このような問題提起があった以上、なんらかの応答責任がわたしにはある。だが、孤独という絶望をどのように考えればよいのか。こたえられる材料は、本書のこれまでの議論ではまだ揃っていない。「絶望」という難題については、終章でこたえてみたい。

終　章――偶然性と必然性

本書は友敵関係を動揺させる道の探求である。なぜ偶然性と必然性といったことを論じるのか疑問、と思われるだろう。偶然性と必然性は哲学的な概念であり、多くの哲学者が言及してきた。本書との関連でいえば、偶然性を重視するのはデリダとローティである。ローティは「アイロニスト」を自称するが、彼の述べる「アイロニー」とは、日常的にいわれているような意味ではなく、偶然性を自覚することだ。必然性はシュミットやスピノザが重要視している。もしかしたら隠れながらムフやネグリ＝ハートらも必然性を支持しているかもしれない(140)。

第五章で指摘したように、「友」と「敵」は同一性（必然性）の思想である。すなわち今日「友／敵」であった者が、明日も「友／敵」であることを前提としている。「友」と「敵」は自分なので、自分が今日も明日も変わらない必然性があることで成立する。この必然性の世界観を否定することが、友敵関係を動揺させることにもなる。だから、必然性を動揺させるもの、すなわち偶然性を論じることが求められるのである。

1節　過去の必然性と未来の偶然性

まずは偶然性と必然性について導入的に考えてみよう。生物科学者の伏見譲によると、ダーウィンの進化論には二つの解釈がある。一つは、よく知られている自然淘汰の解釈であり、種の進化は性選択を経ながら環境に適応していくというものである。いま一つは、個体の多様化の傾向であり、個体には常に変異（ゆらぎ）が生じることだ。たとえば同一の遺伝子をもつ一卵性双生児でも、環境に適応する社会性がまったく同じということはない。伏見は前者を「必然」、後者を「偶然」と指摘し、「生物はゆらぎという偶然の中から、有意な情報を選びだす必然的なプロセスをもった自己改良可能な分子機械」と述べている。[141]「進化」は、最初は偶然的なゆらぎによって多様な個体を生みだすが、後に必然的であるような過程となるという意味である。この当初は偶然であったものが後に必然にみえてくるという見解、ここには偶然性と必然性を理解できるヒントがある。

偶然性[142]（contingency）は未来へ意識をむけることでみえてくる。個体ごとの変異の内、どの個体が未来においてもっとも環境に適応できるのか確実なことはいえない。第五章で述べた「未来への開き」とは、偶然性と同義である。逆に必然性（necessity）は過去をふりかえるとみえてくる。どの個体・変異が環境に適応していくのか、それは現在から未来をみることではわからないが、過去をふりかえると、環境への適応者は明確であるように思われる。

人間社会の例で考えてみよう。たとえば「努力すれば経済的に成功する」という命題があるとしよう。それでは、実際にどのような努力をすれば確実・必然的に成功するのだろうか。「いい大学」へ行くことだろうか、それとも大企業に就職することだろうか。たしかに可能性は高いかもしれないが、それは確実・必然的ではない。というのは、事故にあったり、病気になったりして、仕事を失い、経済的に困窮するといったことがありうるからである。現在から未来をみると、確実なことはいえない（未来・偶然性）。逆に確実にいえることがあるとするならば、それは「努力する人は成功する」ではなく、「成功した人は努力した」ということになるだろう。こちらのほうは現在から過去をふりかえることでみえてくる（過去・必然性）。

2節　偶然性と必然性の概念

そろそろ明示的に偶然性と必然性の概念を考えてみよう。歴史的に偶然性と必然性は、複雑な概念として論じられてきたが、ここではできるだけ煩雑とならないように簡略的な説明をこころがけたい。なお、わたしが述べる偶然性と必然性は、先行する哲学者らの概念を採用しているが、後述するように感情とむすびつけている点が独特といえるかもしれない。

同一性と非同一性

カントは『純粋理性批判』のカテゴリー論のなかで偶然性と必然性を対置させている。彼によると、必然性は同一性であり、偶然性は非同一性である。そして偶然性とは必然性を否定し、必然性は偶然性を否定する。ただし、必然性を一口に「同一性」といっても大きく二つにわけられる。[143]それは「論理的同一性」と「因果的同一性」である。

論理的同一性と非同一性

論理的同一性とは、ユークリッド幾何学のようなものや「AはAである」といったトートロジーのような論理形式をさす。他方で偶然性は、非同一性なので、単純にこうした構造をもたないものということになる。

九鬼《くき》周造《しゅうぞう》は、この論理的必然性に「概念的な問題」を認めている。彼はそれを植物の「クローバー」の比喩で次のように述べる。[144]一般にクローバーは三つ葉である。ある個体のクローバーが三つ葉のクローバーであると、それは同一性・必然性である。これはいいだろう。次に、ある個体のクローバーが四つ葉であると、非同一性・偶然性である。クローバーをみたことがないこどもが四つ葉のクローバーをみつけて、「クローバーって四つ葉なの？」と問いかけてきたら、「いや、普通は三つ葉だからそのクローバーはたまたまだよ」とこたえるだろう。

さらに九鬼は、必然性を「一般名詞」に、偶然性を「個物・個体・固有名詞」に認めている。どういうことだろうか。偶然性・個物の場合、あるクローバー（個物）は、三つ葉のクローバー（一般名詞）であってもなくても構わない。「偶然とは偶々《たまたま》然か有るの意で、存在が自己のうちに十分の根拠を有っていないことである。すなわち、否定を含んだ存在、無いことのできる存在である」[145]。逆に必然性とは、自己のなかに存在の根拠を有しているものを指す。必然性の場合、ある個物のクローバーは、三つ葉のクローバー（一般名）でなければならない。ダーウィンの進化論における個体ごとの変異を偶然的といえるのは、個体差は非同一性であることによる。偶然性とは、一般名としての三つ葉のクローバーでなくても構わない。いいかえると、個物としての四つ葉のクローバーであることができるのだ。九鬼のこの議論は、本書における固有名と一般名の議論へと通じている。

固有名と偶然性、一般名と必然性

論理的同一性について重要なのはここからである。九鬼において、偶然性とは「個物」と理解されている。こうした見解は、時代や地域をこえてなされているようで、たとえばアリストテレスも『形而上学』の一〇一八a一-二で「偶然的とは個物に関してのみ語られる」と述べている。しかし、偶然性は個物に関係するとはどういうことなのだろうか。

哲学的なたとえからいうと、プラトンのイデアは個物の共通者であり普遍的な同一性ととらえられている。つまりイデアは必然性、永続的で固定的な同一性ととらえられている。逆に、イデア論において個物とは偶然的であり、イデアの不完全な模造でしかない。これをクローバーの例でいうと、「一般にクローバーは三つ葉である」とは多くのクローバーの共通性が三つ葉ということであり、重要なのはこの共通性のほうである。プラトンならば、「四つ葉のクローバー」といった偶然的な個物よりも、一般的な共通性のほうが重要だというだろう。しかし、プラトンとは異なり、偶然性を擁護する者は、個物の固有名詞的な「四つ葉のクローバー」のほうを重要視する。

わたしがここで指摘したいことは次のようなことである。本書の第七章で、個人の名「固有名」、集団の名「一般名」という概念を論じた。九鬼が述べるように個物が偶然性・非同一性であり、他方でイデア的・一般名詞が必然性・同一性であるならば、固有名は偶然性に、一般名は必然性と親和的ということになるだろう。なぜ、このようにいうことができるのだろうか。

まず、偶然性（contingency）という言葉そのものの語源からみてみよう。contingencyとは、ラテン語でcontingereだが、これはcon「ともに」、tingere「ふれる」という意味である。「ともにふれる」とは、個と個の関係を彷彿とさせる。九鬼は、東西の言語の「偶然性」に該当する言葉は、このように個物と個物の関係を意味しているとし、次のように述べている。

> いずれにしても偶然は遭遇または邂逅として定義される。偶然の「偶」は双、対、並、合の意である。「遇」と同義で遇うことを意味している。偶数とは一と一とが遇って二となることを基礎とした数である。偶然の偶は偶坐の偶、配偶の偶である。偶然性の核心的意味は「甲は甲である」という同一律の必然性を否定する甲と乙との邂逅である。われわれは偶然性を定義して「独立なる二元の邂逅」ということができるであろう。[146]

偶然性とは「独立なる二元の邂逅《かいこう》」である。これに対して必然性とは、AはAであるという同一性の構造でなければならない。偶然性とは個物と個物の関係のみにありうることであり、必然性に邂逅はありえない。偶然性とは個物にのみ関係するというのはこの意味においてである。

これを本書のいい方に置き換えると、偶然性とは固有名と固有名の関係ということになる。個物（個体）とは本書において個人・固有名に該当するからだ。必然性・同一性・「友／敵」を否定するものとして個人と個人の関係、すなわち偶然性があるのだ。第七章で述べたのは、偶然的な固有名と固有名の関係・邂逅によって、「友」と「敵」の一般名・必然性は動揺させられるということであった。シュミットやムフがあれだけ個人・個人主義を批判していたのは、必然性・一般名の「友／敵」を否定するものとして偶然性・固有名、個人と個人の関係を見いだしていたからである。

同一性・非同一性は、論理的なものだけではなく、因果性についても議論されてきた。次は因果性のほうをみてみよう。

因果的同一性と非同一性

因果的同一性とは、因果関係の同一性のことである。つまり原因Aならば結果Bという論理形式の同一性のことだ。学問における法則や理論は、この因果的同一性を前提にしない限り成立しない。前述した論理的同一性について異論が唱えられることはないが、この因果的同一性についてはヒュームが批判したことがよく知られている。ヒュームは『人間本性論』の「必然的結合の観念について」のなかで、因果性つまり原因―結果の関係は、人間の心の習慣によるものであり、かならずしも客観的な因果性があるとはいい切れないという懐疑を提起する。たとえばボールが窓にあたって割れた場合、「ボールが当たる」→「窓が割れる」という因果関係があるようにみえる。だが、それは心の習慣でそうみえただけであり、本当に客観的な因果性があると断言できるわけではない。このヒュームの懐疑は、因果性によってつくられている法則や理論の正当性を揺るがすことから、現代科学哲学でもいまなお大きな問題提起となっている。

他方でヘーゲルの『大論理学』では、因果的必然性も論理的必然性でとらえられている。たとえば「雨が降ると寒くなる」という因果的同一性の命題は、実際には未来でも同じ因果関係があるのかどうかが問われているのであり、前述した論理的同一性と同じということである。今日A→Bという因果性があり、明日もA→Bという因果性が見いだせるのであれば、A→B＝A→Bという形で論理的必然性と同じということができる。

本章が行っているのは必然性とはなにかをつきつめていくことではない。ヒュームが提起した難題を片手間に考えていくことはできないので、ヒュームのような指摘があることをふまえつつ、本論で述べる必然性はヘーゲルのように因果的同一性も論理的同一性と同じとしたい[147]。

偶然性の因果的非同一性とは因果的同一性の逆であり、因果性がなりたっても、なりたたなくても可能なことをいう。この考え方は、学問、とくに「科学」とされる分野を否定する。この点については後述する。

3節　偶然性の共感と必然性の共感

次は偶然性と必然性を感情から考えてみよう。まず偶然性とは、いれかえ可能性であり、必然性とは、いれかえ不可能性である。これをロールズの『正義論』から見いだしてみよう。現代リベラリズムの祖であるロールズは、二〇世紀の福祉国家・ケインズ主義的な政策を擁護したことで知られている。彼の理論は、人々が自分の性や職業などといった属性をいったんすべて忘れる「無知のヴェール」の仮定からはじまる。無知のヴェールによってすべての人は、自分がどういう人生をおくる・おくってきたのかはわからなくなる。男性として生まれてくるのか、それとも女性として生まれてくるのか、裕福な家に生まれるのか、それとも貧しい家に生まれるのか、健常者なのか障がい者なのかもわからないという想定をする。その上で、こうした自分たちの要素をすべて忘れた人々がどのような社会を望むのかを思考実験してみようというわけである。このような状態にあれば、人々はだれにとっても公正な社会を望むのではないか。そのうえで問うのである。もし自分が貧困者だった場合、障がい者だった場合、女性だった場合、いまの社会は公正といえるのだろうか。いえないのであれば、いまの社会は公正ではないということになる。興味深いのは、こうした議論のなかでロールズは「偶然性」という言葉をつかっていることだ。

無知のヴェールが保証するのは、自然による可能性（chance）や社会状況の偶然性（contingency）の結果によって、だれかが有利になったり不利になったりすることはない、ということである。すべての人が同じ状況にあり、だれも自分に都合よく原理をたてることができないのだから、正義の原理は公正な合意と交渉の結果による。[148]

人々の現在の職業や健康状態、アイデンティティといった要素は「偶然性[149]」の結果である。人々が自分たちの貧富の格差や性などの要素を知った上で、皆が合意できるような公正な原理を探すのはむずかしい。たとえば裕福な者と貧しい者が合意できるような税制は想像しにくい。だからこそ無知のヴェールによって、すでに定まった人々の要素を忘れると仮定することが重要ということになる。このような仮定を想定すれば、だれにとっても公正な社会を皆が望むに違いないというわけだ。こうしてみると、無知のヴェールとは、偶然に形成されている自分と他者の立場をいれかえる想像力を促す理論的装置といえる。というのは、自分の性や職業、貧富の格差といった要素を忘れることで、他者にありえていることを自分にも起こりうるものとして想像させるからである。

こうした発想が可能なのは、そもそもロールズが人々の要素を偶然の結果と考えているからである。たとえば

「努力すれば成功する」といった因果的同一性を認めると、『正義論』のような議論は成立しにくい。とくに経済的地位のような要素の場合、「裕福なのは、自分の努力の結果なのだから正当な対価である」と主張できてしまう。人々の要素が必然性・因果的同一性による結果であるならば、自分を経験できるのは自分だけであり、他者を想像する必要はない。『正義論』で念頭にあったのは、一つには、こうした同一性を批判することであった。

カントや九鬼が述べるように偶然性と必然性が対立関係にあるのであれば、必然性とは、偶然性の「いれかえ可能性」を否定することになる。これは必然性の定義が同一性ということからもあきらかだろう。三つ葉のクローバーは三つ葉でなければならない。双葉にでも四つ葉にでもいれかえるのが可能なのは偶然性のほうである。必然性とは、いれかえ不可能性なのだ。

ナショナリストとコスモポリタニストの場合

いれかえ可能性と不可能性を、ナショナリストとコスモポリタニストの例で考えてみよう。たとえば、自分が生まれてきた国（民）との関係をいれかえ可能性と不可能性から述べると、どのような言説となるのだろうか。それは、次のようなものとなるだろう。

いれかえ可能性　　自分はA国にでもB国にでもC国にでも生まれる可能性があった。この国（民）に生まれたのは、たまたまである。

いれかえ不可能性　自分はA国に生まれるべくして生まれた。ほかの国（民）に生まれる可能性、そのようなものはなかった。

たとえば、どちらがナショナリストのいいそうなことだろうか。いれかえ可能性のほうは、ナショナリストというよりコスモポリタニストがいいそうなことである。逆に、いれかえ不可能性のほうはナショナリストしかいわないだろう。ここからいえるのは、いれかえ可能性・偶然性とは集団への、この場合、国(民)への非忠誠的・非コミットメントであり、いれかえ不可能性のほうが集団への忠誠・コミットメントを示す論理ということになる。

哲学者のバーナード・ヤックは、偶然性(contingency)をナショナリズムにとりいれることで、その暴力性を緩和できると述べている[150]。ヤック自体は、わたしのような議論を展開しているわけではないのだが、なぜ偶然性をとりいれるとナショナリズムを緩和できるのかについては、偶然性が非忠誠の感情へとつながるからとこたえることができるだろう[151]。

なんらかの集団への忠誠やコミットメント、意義などを強調したい場合は、必然性・同一性・いれかえ不可能性がもちだされる。偶然性・非同一性・いれかえ可能性はその逆である。ナショナリズムはもちろん、集団と集団の関係を指す友敵関係にも、コミットメントを高める論理として必然性・いれかえ不可能性が求められる。逆に「友」や「敵」がいれかえ可能であるならば、友敵関係は動揺することになるだろう。昨日「友」である者が明日には「敵」になるかもしれない偶然性・非同一性という決定不可能性、ありえる(ありえた)かもしれない可能性によって。

共感といれかえ可能性・不可能性

いれかえ可能性・不可能性は、「共感」とともに理解されることがある。たとえばアダム・スミス『道徳感情論』で「共感」(sympathy)は、他者の立場に立ち、その境遇に自分があることを想像して、その感情が自らと一致する場合は肯定でき、一致しない場合は否とするものと述べられている[152]。本書との関連でいうと、デリダは、そもそも「他者の他者性を想像する」と述べているように、いれかえ可能な共感の作用を重視している。ローティが感情教育と述べるときに念頭にあるのも、他者の苦痛を想像することである。

他方でロールズにとって「共感」は、他者の他者性を想像することができない、「弱い」ものである。ここでロールズが批判している「共感」とは、ヒュームが述べる「共感」のことだ[153]。ロールズによると、ヒュームが述べるような「共感」は、自分と他者をいれかえるような想像力が生じない「弱い」ものである。ロールズにとって、「共感」には問題があるから、無知のヴェールのような理論的装置が必要ということになる。その意味でロールズは、感情よりも理性を重視している。

このように「共感」といっても、論者によって理解の仕方が大きく異なっている。日本語だと「共感」という言葉しかないので、「共感は多様に解釈されうる」というと、違和感を覚える人もいるかもしれない。だが、たとえば英語で「共感」にあたるのは empathy と sympathy であり、二つあることになる。empathy と sympathy はどのように違うのか、学問的には非常に複雑で膨大な議論がなされているのだが[154]、本章で述べてきた材料からいえるのは、共感には、偶然性における共感と、必然性における共感があるということだ。偶然性における共感とは、スミスやローティのような、他者と自分をいれかえ可能とする共感である。他方で必然性における共感とは、ロールズが批判的に述べる、いれかえ不可能な共感、本書のいい方をすると、「友」への共感、他者を自分の思うところの他者とみなす自同者としての共感ということになるだろう。

４節　偶然性と必然性による多様性擁護の違い

少し込み入ってきたので、本節では、偶然性と必然性の違いを統一的に理解するために、「多様性擁護」を例にして考えてみたい。ここで述べる「多様性」とは、生物学的なものだけではなく、多文化主義やＬＧＢＴといった性、差異の政治、障がい者といった社会的な多様性も指している。本節で主に例としてあげるのは、病気や障がいだが、これらを例にしているのは、だれにでも起こりうるものであり、多くの人が想像しやすいと思われることからくる便宜上の理由による。

障がい者やＬＧＢＴ、エスニック・マイノリティといった多様性への嫌悪は根強い。これを「人権意識」や「寛容」の欠如というのは容易い。しかし、ことはそれほど単純ではないかもしれない。偶然性と必然性の世界観からみると、多様性への嫌悪は少し違った姿でみえてくるからだ。

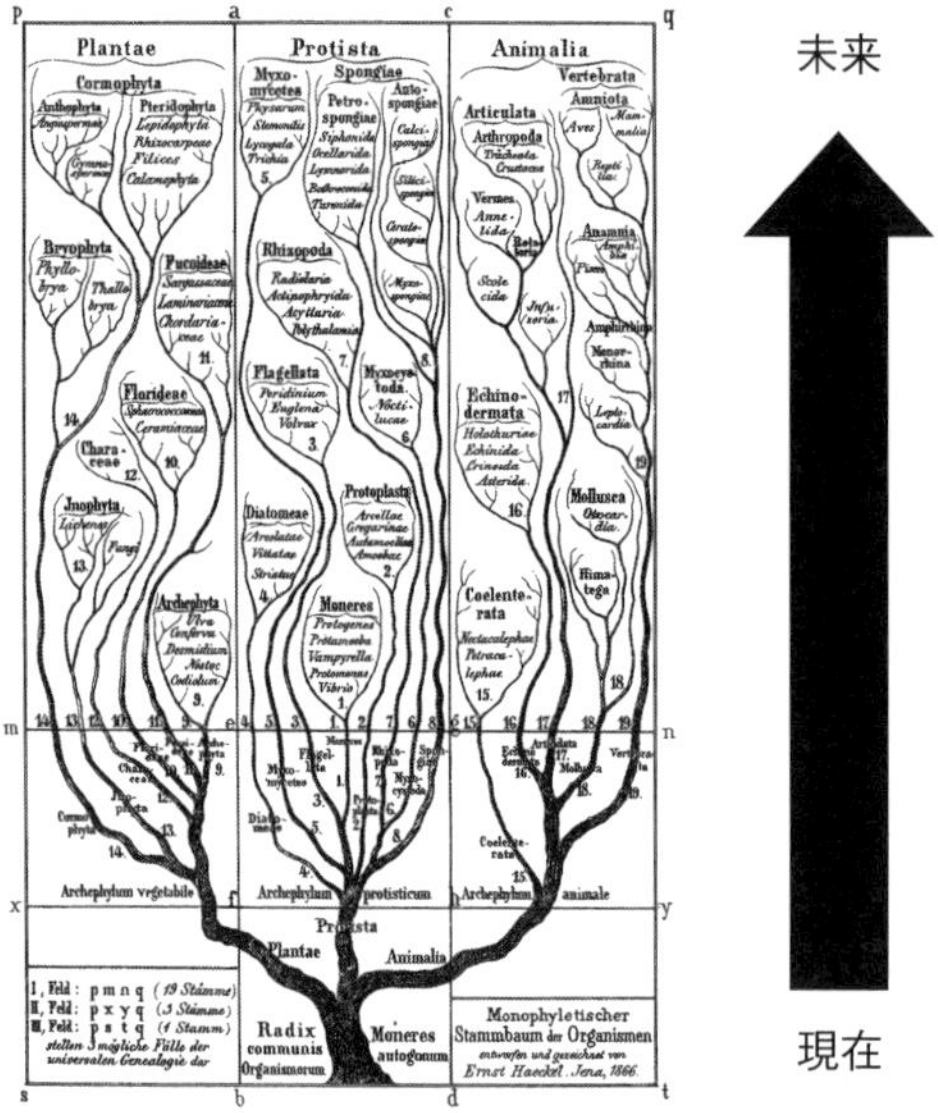

図１　ヘッケルの系統樹

過去と未来の系統樹

本章1節でも述べたが、偶然性は未来へ意識をむけるとみえ、必然性は過去に意識をむけるとみえてくる。これは進化論を系統樹でみるとわかりやすい。図1は、未来の偶然性を直観的につかむためのものである。図1の時間軸は、下辺が現在で、上辺が未来となっている。矢印は、現在から未来へと意識をむけるイメージである。種には常に個体レベルで変異（ゆらぎ）があるので、未来へむかうごとに多様になっているようにみえる。この多様化は、環境自体が常に変化するため、自然淘汰の勝利者＝環境への適応者が未来ではどうなるのかがわからないことからきている。未来はわからないので、常に多様であることが種としてのリスク回避となる。「多様性」というと、どうしても道徳や倫理、規範として語られるきらいがあるのだが、進化論における多様性とは種としての生存戦略にすぎない。

さきほどの「貧しい者でも努力すれば経済的に成功する」の例でいうと、図1ではだれが成功するのかはまだ未規定である。そもそも未来の経済環境がいまとどう異なっているかはわからない。社会的にも一つのビジネスモデルだけに頼るのは、その社会にはリスクが大きい。いろいろな立場の人がビジネスモデルを多様に展開しているほうが、環境の変化に対応しやすい。また自分が環境への適応に「成功」していたのだとしても、ある日突然に事故・病気になる可能性もある。つまるところ、自分が環境への適応者＝勝利者となるのか否かは未来のことなので不確定・偶然的である。だが図２はどうだろうか。

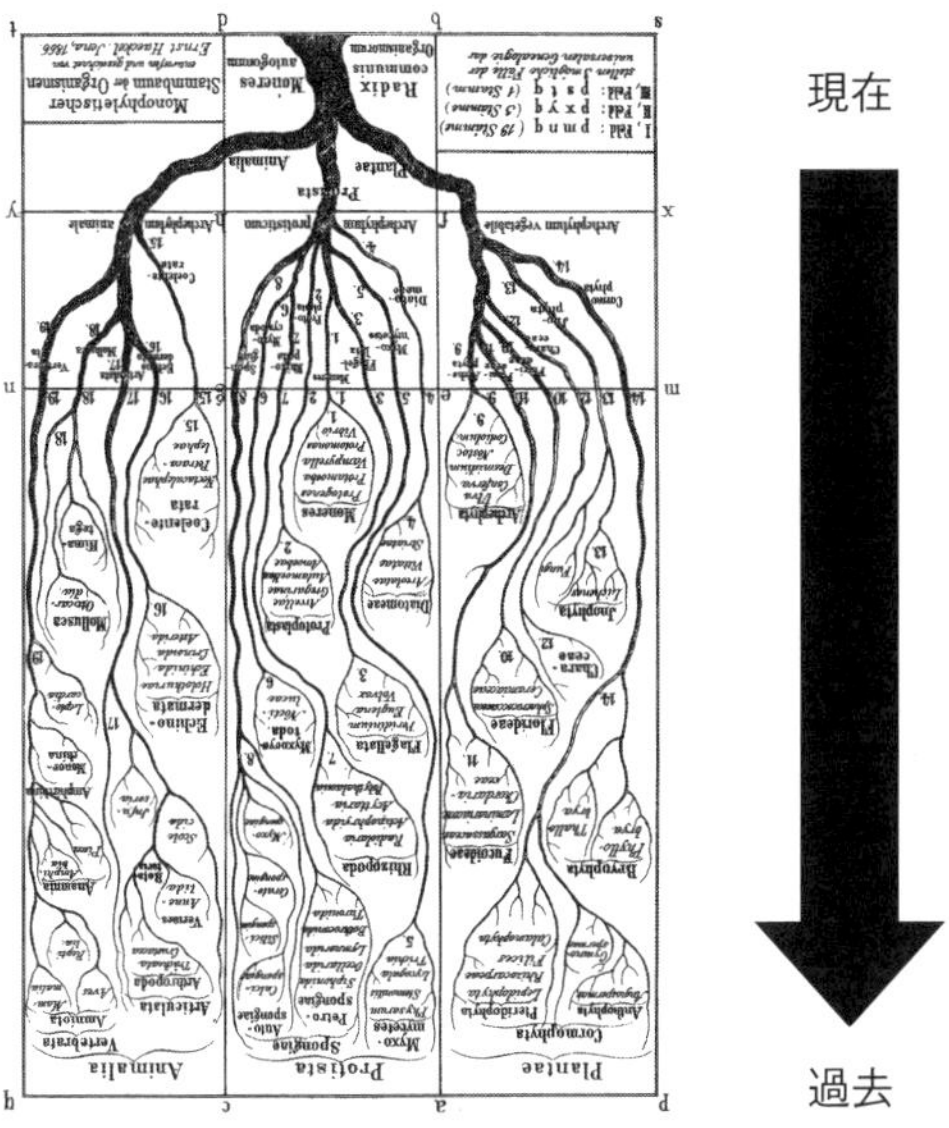

図２　逆さのヘッケルの系統樹

（図１を筆者が改変）

図２は、図1を逆さにしたものである。図２は必然性、すなわち過去をふりかえるイメージとなっている。今度は上辺が現在、下辺は過去、矢印は過去へと遡及するイメージである。図２では、多様な種から「勝利者」がでてきたと解釈できる。現在においてもっとも環境へ適応した者、ビジネスでいうと経済的成功者は明白なので、こうした者たちの過去をふりかえると、自然淘汰や競争で勝利してきた経

緯があると解釈できるのだ。逆さの系統樹の場合、「努力した者が競争を勝ちぬき、弱者は環境に適応できず淘汰された」ようにみえてくる。

実際には図1がそうであったように、現在から未来をみると、「勝者」がだれなのかは未規定なのだが、現在から過去をふりかえると必然的に勝者が決まっているようにみえる。過去をふりかえって見いだされる自然淘汰という法則性を極端に未来にもあてはめようとすると、優生思想となるのはいうまでもない。

偶然性と必然性による二つの多様性擁護の論理

偶然性と必然性がそれぞれ多様性を擁護する場合、どのような論理となるのだろうか。偶然性とは、未来をみることで見いだされ、同一性・確実なことはいえないということであった。わたしは成功／失敗するかもしれないし、事故や病気にあうかもしれない。それならば、わたしがどのような人生になったとしても、生きやすい社会がもっとも望ましいことになるだろう。どのような人生をおくるかわからないということは、他者の他者性を想像することでもある。ロールズの無知のヴェールは、この論理を性やアイデンティティなどにまで拡張したものであった。これを可能としているのが、偶然性と親和的ないれかえ可能性の想像力や共感である。

逆に、必然性による多様性擁護とはどのような論理となるのだろうか。必然性は同一性であり、多様性擁護の論理などありえないと思われるかもしれない。だが必然性にも多様性擁護の論理はある。それは「強者が弱者を救う」という発想である。

必然性は、自然淘汰を見いだす世界観なので「強者」と「弱者」がいる。自然淘汰・競争でいえば環境に適応・努力してきた者と、そうではない者ということになるだろう。必然性による多様性の擁護とは、この「強者」が「弱者」を救う考え方となる。「弱者にやさしく」という言説は、必然性の世界観を前提としている。だが、これには大きな問題がある。

必然性を前提とした多様性擁護の問題とは、「強者」が「弱者」の救済を重荷に感じることだ。というのは、「弱者」を救うためには、「強者」は我慢する必要があるというゼロサムの関係が生じてしまうからである。くわえて必然性は、自然淘汰や優生思想の世界観を派生させる。二〇一六年に相模原で起きた障害者施設殺傷事件は、日本社会の戦後最大級の死傷者数となった。この事件はただの大量殺人事件ではない。犯行者は、重複障がい者は「不幸をつくることしかできない」という手紙を当時の衆議院議長に送っていることから、暗い思想性を宿した事件といえる。「重複障がい者は負担である」という理解は、必然性による多様性擁護の「弱者の救済には強者が我慢する必要がある」というゼロサムの世界観と通底している。

わたしが指摘したいのは、「健常者」と障がい者の友敵関係・二項対立とは、人権や寛容の欠如というよりも、必然性の世界観から生まれたものではないかということである。必然性による多様性擁護が意味する「弱者にやさしく」という一見すると寛容な態度も、世界観そのものは優生思想と同じ必然性を前提にしている。「強者」がいつまでも寛大であればよいのだが、なんらかの事情でその「強者」が疲弊を感じる状況となれば、「弱者」を負担と思うようになるかもしれない。

わたしは多様性の擁護を必然性ではなく、偶然性から支持すべきだと考える。すなわち必然性を前提とした「弱者にやさしくせよ」ではなく、偶然性を前提とする「もしかすると、あなたも障がい者であったかもしれない。あるいは、これからそうなるかもしれない。だからあなたが障がい者になっても生きやすい社会にしましょう。だれもが生きやすい社会こそが、あなたにも生きやすい」という考え方である。偶然性の世界観は、「強者」と「弱者」の二項対立を「いれかえ可能性の共感」によって動揺させるので、ゼロサムゲームにはなりにくいからである。

本節では多様性を論じてきた。繰り返しとなるが、偶然性による多様性擁護の射程はアイデンティティや貧富の格差、性別といったあらゆる人間の要素にまで拡張してもよいと考えられる。ここにはもちろん「移民・難民」といった、ホスト社会の「外部」とイメージされている他者も含まれるはずだ。多様性の擁護は、偶然性の「いれかえ可能性の想像力・共感」が基盤にあれば、必然性的な優生思想の世界観を強化することはないだろう。

5節　蓋然性─偶然性を必然性的にするもの

本節の本題にはいる前に、注意していただきたいことが一つある。これまで述べてきたのは「未来が偶然性」「過去が必然性」ということではない。たとえば人間は、終末論のように「未来を必然的」と考えることができる。ここまで述べてきたのは、偶然性と必然性という世界観は、未来と過去をみることで見いだされるものということである。偶然性と必然性によって過去や未来をどう理解しようとするのかは別問題だ。

過去も未来も必然的ととらえる者としては、本書との関連でいうとシュミットがいる。ほかにもヘーゲルやマルクス＝エンゲルスのような者も挙げられるだろう。また一般に「理系」とされている学問・科学の多くもこの世界観を採用している。過去から（経験的に）見いだされた同一性・法則を未来にもあてはめることができるとしているからである。演繹法も必然性を前提としている。科学における同一性は、過去の因果関係・法則性・論理を未来にも見いだせるので、未来予測すら可能である。

このような同一性の考え方は日常的にも見いだせるだろう。たとえば「努力すれば、かならずむくわれる」といったものがそうだ。この言説が意味するのは、過去をみれば努力した人が勝ち抜いてきた、ゆえに未来においてもそうであるに違いないということである。努力は無駄などというつもりはないが、勝者は努力によって必然的に決まるわけではない。勝者が一番努力したわけでもない。過去をふりかえって「勝った者が努力した」という解釈が生まれ、その解釈を未来に見いだすという一つの方法があるだけだ。それにもかかわらず、必然性・同一性を支持する立場は優勢であるように思われる。

過去と未来を必然性とみなす解釈がなぜこうも支持されるのか。偶然的な未来をいかにしてコントロールできるというのだろうか。この点については多角的に論じる必要があるが、ここで注目したいのは、「蓋然性」という概念が発明された歴史である。

偶然を飼いならすための「蓋然性」

「偶然性（contingency, chance）」と「蓋然性・確率（probability）」の違いも人によって見解が異なる。ここで問題にしたい「蓋然性・確率」とは、偶然性をなんらかの手段によってある傾向として見通すことである。たとえばサイコロをふった場合、「一」が出るか「四」が出るかは偶然的である。だが他方で、サイコロの出目が確率論という方法によって1／6と見通されていれば、出る目の傾向が予想できる。つまり蓋然性・確率とは、完全な予測は行えないが、なんらかの方法で傾向を見いだしているということである。なお「確率」とは、蓋然性を数学的な手法でいいあらわした語なので、ここで両者をわける必要はないと思われる。

科学史家イアン・ハッキングは著書『偶然を飼いならす[155]』において、「蓋然性」によって、「偶然性[156]」（chance）を統制しようとする歴史的過程を論じている。それによると、一六世紀ごろからの統計学の発達や、決定論の支持者らによって偶然性は忌避され、偶然性を「蓋然性」へと「飼いならす」試みが続けられてきたという。彼によると蓋然性・確率とは、偶然性を統制し、疑似的に必然性的な世界観を構築するための手段でもあったようだ。

偶然性を「蓋然性」と読みかえる手段が社会的に広まるにつれて、人間は本来的には偶然的である未来を、ある程度にはコントロールできると考えるようになった。たとえば社会科学、とくに経済学のような方法は、過去の必然性・同一性から法則性をとりだし、蓋然性・確率として未来にあてはめる構造となっている。帰納法自体がそもそもこうした構造をもっている。「昨日も太陽は東から昇った。今日も太陽は東から昇った。だから明日も太陽は東から昇るだろう」といったように。社会科学の分野は、このような方法で理系知に（疑似的に）近づこうとするのである。

日常的にもたとえば、ある食べ物に発ガン性があるので控えた方がいいという話は、蓋然性によって支持することができる。サイコロの議論と同じく、実際に発ガンするかどうかは、個々人で偶然的である。だが「摂取することで発ガン率が上がる」という蓋然性・確率をもって未来をみることで、本来的な偶然性を排除しているのである。

蓋然性自体は、必然性・同一性となんら関わりはない。サイコロが1／6の確率で出るのだとしても、それは同一性を意味しない。過去のデータから精密に法則性をとりだしても、それが完全な未来予測となるわけではない。実際に、まっとうな社会科学者であれば、未来予測はできないと述べるだろう。蓋然性には、どこかでとらえきれなかった偶然性が影を潜めているからだ。しかし、必然性とは異なるにもかかわらず、蓋然性は、まるで必然性であるかのような世界観を形成する。

誤解していただきたくはないのだが、わたしは演繹法や帰納法の世界観を単純に否定したいわけではない。そんなことをすれば本書も破綻する。ただ過去も未来も必然性もしくは疑似的な必然性とする世界観は、友敵関係を形成しうる。これをどのように考えたらよいのだろうか。

6節　偶然性と驚き

近年、偶然性を擁護する立場から必然性を批判した哲学者にカンタン・メイヤスーがいる。[157] メイヤスーは、過去から未来におけるあらゆるものを偶然性でとらえるべきだと述べる。彼によると、自然科学的な法則まで、それがたまたまそうなったという意味で偶然的であり、明日にでも自然法則が偶然的に変わる可能性は常にある。メイヤスーは、自然科学まで必然性ではなく、偶然性を根本原理にすべきと述べる。「科学」においても、もっとも基底にあるのは、混沌の偶然性であるからだ。

メイヤスーほどラディカルにとまではいかなくても、同じような見解はハッキングもチャールズ・パースを引用しながら述べている。(158)

巨大な形而上学となった偶然は、もはや脅威なものではなく、あるいは語りつくせぬ喜びを与えることもないのだろうか。われわれはいまや、最小の分子の上にまで小さく書き込まれた統計法則や平均の法則によって安全の世界に暮らしているのだろうか。もちろん違う。パースは三組のもの（fond of trios）を好み、それらを第一（Firsts）、第二（Seconds）、第三（Thirds）と呼んだ。この場合、「偶然が第一、法則が第二、習慣獲得の傾向が第三である」。このことは、偶然が統計法則によってなくなってしまうとか、サイコロを何度も投げることでヒューム的な心地よい慣習を取り戻すことができる世界が生まれる、などということではない。第一であったものは、常に第一なのである。(159)（カギカッコはハッキングによるパースからの引用）

たとえどれだけ偶然が飼いならされていても、偶然性は「常に第一」にあるとパース、ハッキング、メイヤスーらは述べる。必然性や蓋然性の世界観が動揺させられることとは、「第一にある偶然性」へ気づくところにある。それは法則や理論では説明できない例外事項との遭遇であったり、一般名を動揺させる固有名との邂逅、そして未知なる他者に対して恐怖し、驚愕するところである。

「驚愕」は、不意に到来する偶然性の感情である。逆に、必然性の思想において「驚愕」は、まやかしのようなものであり、「無知」な者だけが抱く感情とされる。本書での重要人物である必然性の思想家スピノザは、「驚き」(admiratio, stupor)をもった人とは、「無知」であると批判的に述べる。その上で、理性的で学者のような人物は驚くことがないと論じる。

〔……〕驚異の真の原因を探求する者、また無知な人として自然物をぼうぜんと見つめるのではなく、学者としてそれを理解しようとする人は、無造作に、異端者、不信心者と見なされ、民衆がいわば自然や神々の解釈者として尊敬している人々からも、そのような非難をうけるのである。なぜならかれらは、無知(ignorantia)がなくなれば、驚きもまたなくなること、すなわち、かれらが自分の権威を証明し維持するためにもっていた唯一の手段もまたなくなることを知っているからである。[160]

ラテン語の「驚き」(admiratio, stupor)と、「恐怖」とも訳されるフランス語の「驚愕」(frayeur)は異なる。[161] だが、スピノザが述べる「驚き」の場合、ルソーやデリダらの「驚き」と大きな違いはないかもしれない。スピノザの「驚き」とは、「ある対象に以前にはまったく見なかったある個別的なものが想像されていると仮定するならば、精神がその対象を見つめているあいだは、前のものを考え[162]」ている状態であり、「このような精神の変様あるいは個物についての想像[163]」のことである。そして、このような状態が「恐れるものによって」(quod timemus)引き起こされているならば、それは「恐怖」(consternatio)とよばれる。[164] この consternatio は「驚き」とも訳せる。スピノザにとって「恐怖」は、驚きの一つである。[165]

スピノザの述べる「驚き」は、学者のような「無知」ではない者にとって無縁なものである。スピノザは「驚き」

を「感情のなかに数えいれないし、感情の一つとみなさなければならない理由も」わからないと述べている。[166] 必然性を支持する「学者」のような、物事をよく知る者は、なにかに驚いたりするはずがない。驚くのは「無知」であるから、というわけである。

本書における「感情」は、スピノザを拠り所としてきた。ムフもネグリ＝ハートもスピノザの感情を参照している。だが本書のような、友敵関係の動揺、到来する偶然性を支持する立場は、「驚き」という感情を肯定する。他者を自分と同じにする自同者という暴力をできるだけやわらげ（最小暴力）、他者の他者性を想像しようとするきっかけ、それは未知への恐怖と驚愕からはじまる可能性があるからである。

本書の最後として、スピノザが否定的に論じる「驚き」を肯定的に論じなおしてみたい。スピノザにとって「驚き」が感情といいがたい理由は、「驚き」とは、自己の想像の結果にすぎず、自己の精神が変化しないからである。[167] しかし、はたして本当にそうなのだろうか。必然性の世界を生きるわたしが到来する偶然性に驚いたときに、自己が変化することで、感情とよべるようになる可能性はないのだろうか。

7節　偶然性に気づく

人間はいつから必然性を求めるようになったのだろうか。新石器時代以前の狩猟での食糧調達という偶然的で不安定な生活を、農耕・定住のより安定的で必然性に近い生活へときりかえた安心感を知ったときからだろうか。それとも必然性の世界観が強まったのは近代からだろうか。

本書の最後にわたしが行うのは、必然性の世界観から偶然性に気づくことを「感情」という観点も踏まえて探求することである。荒々しい偶然性は忌避されがちである（ハッキング）。だが偶然性はかならずしもネガティブな感情だけで理解されているわけではない。偶然性に「希望」を見いだす思想家もいる。まずは偶然性への気づきをポジティブな側面から展開している人たちの議論をみてみよう。

希望の偶然性

偶然的な未知への恐怖と驚愕を求めるとは、同一性から非同一性へとむかいたくなるような感情ということになる。これは別に珍しいことではないだろう。同一性、つまり何度も同じようなことを反復していると、だんだんと飽きてきて、失敗するかもしれないが冒険したくなるようなことはありふれている。たとえば昨日も同じ店で食事をした、今日も同じ店で食事をした、そろそろ飽きてきたので明日は失敗するかもしれないけれど違う店に行ってみたい、というようなことである。たしかに同一性は安定するのだが、単調であるがゆえに人間は未知に驚きたくなり、非同一性を求めることがある。こうしたことは必然性の世界観から偶然性の世界観へとむかう契機の一つであり、どこか人を期待させる、わくわくさせるものといえる。偶然性にはこうした魅力がある。アイロニスト、偶然性を自覚するローティは、未来を「希望」(hope)と語る。(168) 近年、こうした希望の偶然性を展開した思想がいくつかみられており、本書とも問題意識が似ているので少しだけそうした思想をみてみよう。

東浩紀

東浩紀《あずまひろき》は、もともとデリダ研究者であり、彼の博士論文(169)は、デリダの用語「誤配」から脱構築を解釈したものである。「誤配」とは、デリダの「郵便」というメタファーの関連用語である。日常の「郵便」を思いうかべてほしい。通常、郵便には宛名が書かれており、その通りに届く。ところが時に郵便は誤配される。実際の郵便事業の場合、誤配は「間違い」であり、回避すべきものとされている。だが「誤配」をメタファーとして人間社会に適用してみると、少し違った解釈ができる。たとえば、わたしが会う予定になかった人と出会うこと、自分が読むつもりもなかった本を読むこと、知るつもりもなかった考え方を知ることである。これらは硬直的な自分だけの閉じた世界から抜けだす契機なのではないか。後に東は、「誤配」を偶然性とむすびつけた「観光客の哲学」を展開している。彼は次のように述べている。

> 人間や社会について、必要性（必然性）からではなく不必要性（偶然性）から考える枠組みを提示したい［……］そもそも観光は必要に迫られて行うものではない。［……］観光は、本来ならば行く必要がないはずの場所に、ふらりと気まぐれで行き、見る必要のないものを見、会う必要のないひとに会う行為である。[170]

「観光」というと、交換の論理（市場）とむすびつけられて批判されがちである。だが「誤配」とは交換の失敗である。メタファーとしての誤配、すなわち交換の失敗とは、つまり「贈与」なのではないか。自分中心にしか考えていなかったところに、誤配を通して、自分の外部と出会う可能性がある。東は、そうした可能性を必然性ではなく、やる必要もない偶然的な生き方と規定される「観光客」というメタファーで提起している。彼のテクストの念頭にあるのは、グローバル化と国民国家の二項対立を動揺させるものとしての「観光」であるが、こうした思想は本書とも同じ方向をむいている。

ジグムント・バウマン

偶然性と必然性からポストモダン状況以後の道徳・倫理を考えた理論社会学者にジグムント・バウマンがいる。バウマンによると、近代は道徳や倫理が社会的、本書のいい方だと一般名として形成され、それを個人に適用しようとしてきた。だがポストモダン状況、大きな物語の崩壊――たとえば、「立派な大人・国民・人間等々になりなさい」という物語の崩壊――は社会的な道徳・倫理をなりたたせなくした。かわりに要求されるようになったのは個人が道徳や倫理をもつことである。この議論を展開するためにバウマンは、レヴィナスの「むかえいれ」、ローティの「偶然性」等から、個人と個人の偶然的な「運命《めぐりあわせ》」(destiny)[171]を提起している。たまたま邂逅した個人と個人の関係という運命によって倫理・道徳が駆動するというのである。

バウマンの問題意識は、「安全/不安」という感情用語に集約されている。彼によると、ドイツ語の「安全」(Sicherheit)は、英語のsecurity, certainty, safetyの三つを意味している。[172]逆に「不安」(Unsicherheit)は、insecurity, uncertainty, unsafetyの三つとなる。securityは地位や資格、certaintyは未来の確実さ、safetyは身体や自我、共同体の危険性を意味している。彼によれば、近代は「安全」な社会であったが、ポストモダンは「不安」な状況だ。このような不安なポストモダン状況のなかでは、偶然的な運命と他者のむかえいれを通して、個人化された倫理・道徳が駆動する道が開かれるというのである。[173]

偶然性の語られていない側面

厳密に述べると、わたしと東やバウマンのような議論は異なっている。たとえば東が考察しているのは、グローバリズムとナショナリズムの二項対立を脱構築することである。バウマンが問題にしているのは、ポストモダン状況における道徳・倫理の個人化だ。わたしが述べてきたのは、自己の思いこみとしての「友」と「敵」の脱構築である。個人と個人の関係への理解も、東の場合は会う必要もない出会い=誤配であり、バウマンは偶然のめぐりあいである。他方で本書の個人と個人の関係は、もしかすると、ありえるかもしれない可能性のことであった。このように各自の議論の詳細は異なるのだが、いずれも偶然性や個人と個人の関係を重視する性格がある。

それではかれらが明示的に語っていないことはあるのだろうか。東やバウマンのテクストは、偶然性にどこか希望を見いだしているように思われる。たとえば東の述べる「観光」は、どこか期待を感じさせるメタファーといえる。やる必要もない観光をするのは、そこに期待があるからといえるだろう。彼自身、個人と個人のたまたまの関係を「希望」とよんだことがある。[174] バウマンの運命・めぐりあわせというメタファーも、どこか希望を感じさせる言葉である。このようにかれらの述べる「偶然性」は、希望ということができる。わたしもかれらのように希望の偶然性を最後に論じるほうがよいのかもしれない。そうしたい気持ちもあるのだが、この場では、わたしは少し違う一応の結論を述べようかと思う。

本書が最後に論じたいのは、東やバウマンがとりこぼしているもの、あるいはそれほど明示的には述べていない偶然性のもう一つの側面である。そのもう一つの側面とは「理不尽な偶然性」となる。偶然性とは「希望」だけではなく、必然性の世界観からすると「理不尽」なことでもあるのだ。

理不尽な偶然性をひきうける

なぜ必然性の世界観からみると偶然性は理不尽といえるのだろうか。それはバウマンが提起する「偶然性／必然性」と「不安／安全」からみえてくる。偶然性とは不安であり、必然性とは安全なのだ。たとえば給料で労働する人が今日も明日も同じ仕事をできる必然性があれば安全であり、安心するだろう。終身雇用とは、必然性的な忠誠や安心を与える装置である。逆に明日は、なにかの偶然によって仕事を失うかもしれないのであれば不安なことといえる。共同体の関係性が常に固定的・永続的であれば安心である。だが、共同体が生成変化するかもしれない非同一性であるとすると不安といえる。あるいは、昨日わたしは健康だった、今日も健康だった、明日も健康であるという必然性があれば安心である。だが明日は偶然の事故や病気になる可能性があるとするならば、それは不安といえる。

このように偶然性・非同一性としてありうることは、決して希望をもてるようなことばかりではない。過去と未来の必然性、昨日も今日も明日も自分が思うところの同一性があるのであれば、このような不安は生じない。前章で述べたロレンスやドゥルーズの「絶望」とは、このような不安にほかならない。一九世紀の思想家セーレン・キェルケゴールによると、このような「不安」は、だれにでもありうる「普遍的」なものである。

[……]人間というものを存分に知っている人であれば、ほんの少しも絶望していないような人間、心の奥底に動揺、軋轢、不調和、不安を宿していないような人間は一人もいないと言うだろう。その不安とは、未知の何かに対する不安、あるいは、あえて向き合おうとすらしない何かに対する不安であり、人間という存在の可能性に対する、あるいは自己自身に対する不安のことである。[175]

キェルケゴールによると、不安とは「絶望」である。理不尽な偶然性とは、このような不安が現に自分に到来することをいう。自分は健康であると思っていた者が、そうではないと感じたとき。経済的・社会的に成功すると思っていた者が、そうではないと感じたとき。あるいは自分のこどもを「健常者」だと思っていた者が、そうではないと感じたとき。昨日「友」だと信じていた者が、今日そのようには思えなくなったと感じたとき。キェルケゴールにならって、このような不安の到来を「絶望」とよぶこととしよう。理不尽な偶然性に直面する環境・条件によって喚起される感情とは絶望である。

東やバウマンのテクストがとりこぼしたものとは、この理不尽な偶然性による絶望といえる。偶然性は第一の根底にあり、その偶然性が理不尽なものであるならば、偶然性に希望を見いだすだけではなく、理不尽な偶然性に直面し、絶望する可能性も常にあるともいわねばならない。本書では、未知への恐怖と驚愕だとか、孤独感というように、なかなか「希望」とはいいがたい感情ばかりを扱ってきた。そうであるならば、「絶望」について述べるのが責務なのだろう。

必然性・同一性の世界を生きる者が、もし偶然性に気づくことがあるとするなら、わたしが他者の他者性を想像しようとする契機があるとするなら、それは理不尽な偶然性に恐怖・驚愕し、中動態的にひきうけるときである。なぜ「ひきうける」といえるのだろうか。もし希望の偶然性をもちだせば、それは能動的に支持できるといえるのかもしれない。だが理不尽な偶然性は、必然性という「安心・安全」を前提にしていた者にとって、決して自分が望んだわけではない、自分に到来してしまった「不安」を意味している。だから「ひきうける」というほうがふさわしい。本書の修辞をつかうならば次のようにいうことができるだろう。すなわち、人は絶望するから他者を中動態的に愛そうとする。この一見すると奇妙な一応の結論は、それほど意外性のあるものとはいえないかもしれない。

なぜなら現に理不尽な偶然性をひきうけた者の方が、偶然性・非同一性・いれかえ可能な共感、他者の他者性を想像しようとすると思われるからだ。二人の人物がいるとしよう。一人は「健常人として生きていけると考えている者」であり、いま一人は「健常人であったつもりが、ある日突然に障がい者になった者」である。いったいどちらが他者の他者性を想像しようとするだろうか。どちらが「障がい者にも生きやすい社会」を支持するのだろうか。自分が、もしくは親しい者が、必然的な「安全」の世界を生きているわけではないと気づいた者であればあるほど、他者の他者性を想像しようとするのはそれほど奇妙なことではないだろう。理不尽な偶然性と直面し、それをひきうけることは、偶然性に気づく「ありえるかもしれない可能性」があるところだ。

このように述べると、わたしは理不尽な偶然性が到来してしまった「弱者」に過剰な期待をしていると思われるかもしれない。というのは、偶然性が理不尽なものであれば、それと直面した者は、大概は「弱者」とされる人々だと予想されるからである。そうした見解へのわたしの応答は、「強者」とか「弱者」というのは一般名であり、個人として「強者」や「弱者」がいるわけではないというものになる。たとえば三十代で非正規雇用の男性がいるとする。この男性は、男性／女性の枠組みでは「強者」といえるのかもしれないが、日本社会での正規／非正規の枠組みでは「弱者」に分類される。「強者」と「弱者」は、個人の要素であり、コンテクストで左右されるため、一般名としていえるものではない。だれもが「強者」の要素をもち、だれもが「弱者」の要素をもつ。あらゆるコンテクストで「強者」もしくは「弱者」の要素をもつ者など、この世にいるのだろうか。もしいないのであれば、特定の「弱者」という一般名だけに過剰な期待をする思想は原理的にありえないことになる。わたしが見いだしているのは、すべての人々が各々の「弱者」とされる要素から、偶然性へ開かれる道である。「弱者性」がだれにでもあるのだとすると、それは特定の人々への過度な期待ではない。ここで述べていることは、「強者」や「弱者」に対する期待ではない。生きるということは、だれにとっても時に理不尽でもあるということだ。

なによりも理不尽な偶然性をひきうけることは、絶望するかもしれないが、「不運・不幸」(malheur) であるとは限らない。不運とは、不安や絶望に陥ることではなく、他者に開かれず、自己に閉じこもる必然性にとりつかれつづけることだ。たしかに絶望するような状況がわたしに到来し、それでもなお自己に閉じこもる、自分が他者と出会い生成変化していく可能性を閉じるようなあり様を同一性としてつづけると、不運・不幸といえるだろう。ここでキェルケゴールの「必然性の絶望」を思い出してもよいだろう。

可能性を欠くということは、ある人にとって、すべてが必然的なものになってしまったか、あるいは、すべてが陳腐なことと化してしまったか、そのいずれかを意味する。決定論者、運命論者にとってはすべてが必然性であり、だから彼は絶望していて、絶望する者として、自分の自己を失ってしまっている。[176]

だが、このような自己が変化しないあり様は、「感情」ではない。「感情」とは、自己に生成変化を起こすものである。理不尽な偶然性によって不安が現に到来したとき、それは必然性の絶望となる。しかし、そのときにわたしは、自己の生成変化を渇望するようになるのである。

「幸運・幸福」(bonheur)とはそのときにみえてくる概念といえる。幸運とは、自己を閉じずに、他者をむかえいれて、他者の他者性を想像し、自己が生成変化していく可能性に開かれることである。絶望する自分ですら変わるかもしれないという非同一性、そこにはフランス語でいうところの「幸運」(chance)がある。偶然性・非同一性へ開かれた者とは、「幸運・幸福」なのだ。このように生きはじめた者であれば、「絶望」しつづけることはなく、自身に到来した理不尽な偶然性すら祝福し、無闇に「友」や「敵」を名指すことはないだろう。

幸運・幸福と喜びの瞬間ほど、わたしが死の必然性にとりつかれることは決してありませんでした。享楽する(jouir)ことと、迫りくる死を思い悲嘆に暮れて泣くこと、それはわたしにとっては同じことです。自分の生を思いだすとき、わたしは、その不運・不幸な瞬間まで愛し、それを祝福する幸運があったと考える傾向があります。

(ジャック・デリダ)

あとがき

最後に、わたしがこの書物を書いた意図を少しだけ述べておきたいと思います。本書は、「友」と「敵」を動揺させることを、偶然性や感情を通して探求してきました。「友」や「敵」は自分なので、友敵関係が動揺するためには、自分が変わることが求められます。だから本書では、自分がどう変われるのかという生き方についても展開する必要がありました。

本書は「個」に固執しすぎていて、グローバル化をはじめとする諸問題を放置せよと述べているという印象を抱いた方もいるかもしれません。本書にはそのような意図はありません。わたしが問うているのは、そうした諸問題を解決するのは、本当に「友」と「敵」による対立だけなのかということです。社会には語りつくせぬ問題がありますが、そうした問題を考える前に、すべきことがあるのではないのかという問いかけです。

本書には読者イメージがあります。それは「友」と「敵」の関係を動揺させるように生きる人々です。この背景には、ある人の他者性を想像しようとする営みが忌避されがちなことがあります。たとえば、自分を右翼と規定しつつも左翼団体にも足を運ぶ人、排外主義に批判的でありながら排外主義者とも交流しようとする人、「男性」を憎んでいながら「男性」とも付き合いのある「女性」の人、マジョリティの人々と付き合っていくマイノリティの人など、挙げていけばきりがないのですが、本書はこのような人々の生き方を言語化しようとする試みです。というのは、このような営みは、友敵関係の論理からは「裏切り者」だとか「敵に加勢するのか」などと非難されがちだからです。しかし、「友」と「敵」の関係を動揺させうるのは、このような脱構築的な生き方であり、そのことを自覚することが、めぐりめぐって闘争から規定される世界を変えていく力になりうると思っています。本書はそうした自覚のために執筆されています。もちろん本書が誤配されることも願っています。

本書の一部は、日本学術振興会による助成（課題番号17H07101）を受けています。もともとは、言語思想的な研究であり、「日本語」の未来を「国家語」という概念から考察した研究でした。ただ、それを論じるための理論的枠組みで手一杯となり、途中からデリダやローティに依拠する哲学へと切り替えて、本書のような形で出版することになりました。もともとの「日本語」という課題は、本書の応用として、今後に引き継ぎたいと思っています。

原稿については、わたしの指導教員であった上智大学外国語学部ドイツ語学科教授の木村護郎クリストフ先生にまず深謝します。木村先生には、幾度も原稿を読んでいただき、またドイツ語についてもチェックしていただきました。わたしのような好き勝手に学問をする人物の指導教員を引き受けていただいたことからも、木村先生は、まさに他者をむかえいれるような方かと思います。

続いて上智大学大学院グローバル・スタディーズ研究科国際関係論専攻に所属していた松平けあきさん、長村裕佳子さん、伊吹唯さんには、出版用の原稿を読んでいただき、コメントをいただきました。この方々の研究を聞くことは、本書であげている具体的な事例を考える助けになったと思っています。また同専攻所属のアントナン・フランセッシュさんには、本書で引用したフランス語の単語をチェックしていただきました。フランス語やドイツ語は、引用するのがむずかしい言語であるため、大いに助けとなりました。もちろん、本書についての責任がわたしにあることはいうまでもありません。

本書の刊行は、晃洋書房の井上芳郎さんにお話をいただいたのがきっかけです。この出版刊行のお話がなければ、本書が世に出ることはなかったと思います。ありがとうございました。

最後に、二〇一八年九月に亡くなられた、わたしの博士論文の第二指導教員であった吉野耕作先生（上智大学総合人間科学部社会学科教授）に深くお礼を申し上げます。吉野先生は、近年の世界的な対立の激化をいつも問題視していらっしゃいました。何年前であったのか忘れてしまいましたが、先生は、ドイツとフランスを事例にいつか「和解」をテーマにした研究をやりたいとも仰っていました。わたしは、そのことがきっかけで本書を執筆したというわけではありません。本書が先生の期待にかなうものなのかどうかもわかりません。いずれにせよ、先生に届くことはもうありません。ただ、本書は吉野先生に捧げたいと思います。

二〇一九年一二月一八日

西島　佑

注

第一章

（1）『産経ニュース』二〇一六年九月三日。

（2）Quillette, 01/12/2016, The Social Justice Left and the Alt-Right: Our Divided New World. http://quillette.com/2016/12/01/the-social-justice-left-and-the-alt-right-our-divided-new-world/（二〇一九年六月一日最終アクセス）

（3）たとえば Kesler, C. 2016a, How political incorrectness has propelled Trumps' success, New York Post. http://nypost.com/2016/05/23/how-political-incorrectness-has-propelled-trumps-success/（二〇一八年六月二二日最終アクセス）; Kesler, C. 2016b, Trump and the Conservative Cause, Claremont Review of Books 16.2 (Spring).

（4）https://www.splcenter.org/fighting-hate/extremist-files/ideology/alt-right（二〇一八年六月一日最終アクセス）

（5）Camus, J.Y. and Lebourg, N. 2017, *Far-Right Politics in Europe*, Cambridge, MA: Belknap Press of Harvard University Press, 121.

（6）Laclau, E. and Mouffe, C. 1985. *Hegemony and Socialist Strategy: Towards a Radical Democratic Politics*, Msi Assoc.〔西永亮・千葉眞訳『民主主義の革命――ヘゲモニーとポスト・マルクス主義』ちくま学芸文庫、二〇一二年〕。

（7）Mouffe, C. ed. 1996, *Deconstruction and Pragmatism*, Routledge, 9.〔青木隆嘉訳『脱構築とプラグマティズム――来たるべき民主主義』法政大学出版局、二〇〇二年、一六頁〕。

（8）Mouffe, C. 1993, *The Return of The Political*, London and New York: Verso, 2-3.

（9）ベルギー出身のムフは、かならずしもアメリカ由来の差異の政治と直接的な関係があったわけではない。しかし、彼女は自身の理論を構築した動機を、旧来の左翼が一九六八年以降に生じたアイデンティティやフェミニズム、人種問題、環境問題に対応できていない状態の「改善」であったと回顧している（Mouffe, C. 2018, *For a Left Populism*, Verso, 1-2.〔山本圭・塩田潤訳『左派ポピュリズムのために』明石書店、二〇一九年、一二―三頁〕）。この点については、ラクラウ思想を研究した山本圭『不審者のデモクラシー――ラクラウの政治思想』（岩波書店、二〇一六年）一一四―五頁も参照。こうしたことから、ムフらの理論を広義の差異の政治やアイデンティティ・ポリティクスとむすびつけても無理はないかと思われる。

（10） この「反発としての右翼」といった理解は、日本語空間ではあまり共有されていない。日本語空間では、排外主義について「人々の承認不足や不安」「政治的疎外」から説明するもの（安田浩一『ネットと愛国――在特会の「闇」を追いかけて』講談社、二〇一二年。谷口将紀・水島治郎編著『ポピュリズムの本質――「政治的疎外」を克服できるか』中央公論新社、二〇一八年）、既存右翼の変化から説明するもの（樋口直人『日本型排外主義――在特会・外国人参政権・東アジア地政学』名古屋大学出版会、二〇一四年）といった見解が目立っている。

ただし、会田や飯田のような「文化的反動」を支持する議論もでてきている（会田弘継「忘れ去られた異端者らの復権――トランプ政権誕生の思想史」、『立教アメリカン・スタディーズ（39）』立教大学アメリカ研究所、二〇一七年、七―三三頁。飯田連太郎「アメリカ――「弱い」政党組織と「強い」党派性が生んだポピュリスト政権」、谷口・水島編著、前掲書）。

（11） Norris, P. and Inglehart, R. 2019, *Cultural Backlash: Trump, Brexit, and Authoritarian Populism*, Cambridge University Press.

（12） Abramowitz, A.A. and Webster, S.W. 2018, Negative Partisanship: Why Americans Dislike Parties But Behave Like Rabid Partisans, Volume 39, IssueS1 Supplement: Advances in *Political Psychology*, 119-135.

（13） 飯田、前掲書。

（14） Schmitt, C. 1932=1963, *Der Begriff des Politischen*, Duncker & Humblot, Berlin, 26.（田中浩・原田武雄訳『政治的なものの概念』未来社、一九七〇年、一五頁）。

（15） Schmitt, *op.cit.*, 36-7.（日本語訳三二頁）。

（16） 倉橋は、日本語空間を事例にしながら、右翼の闘争的なスタイルをムフらのラディカル・デモクラシー論とむすびつけている（倉橋耕平『歴史修正主義とサブカルチャー――90年代保守言説のメディア文化』青弓社、二〇一八年。倉橋耕平「ネット右翼と参加型文化――情報に対する態度とメディア・リテラシーの右旋回」、樋口直人・永吉希久子・松谷満・倉橋耕平・ファビアン・シェーファー・山口智美『ネット右翼とは何か』青弓社、二〇一九年、所収）。

（17） ほかにもアイデンティティを構築的と考えるか否か、また「友」と「敵」の単位がシュミットでは国民国家、ムフはもう少し小さな単位を想定しているといった違いもある。

（18） Düttmann, A.G. 1999, *Freunde und Feinde Das Absolute*, Verlag Turia & Kan.（大竹弘二・清水一浩訳『友愛と敵対――絶

対的なものの政治学』月曜社、二〇〇二年〕。

第二章

(19) Schmitt, C. 1932=1963, *Der Begriff des Politischen*, Duncker & Humblot, Berlin, 69.

(20) ローティの言葉だと「改良主義左翼」(the reformist Left) から、「文化左翼」(cultural Left) への転換である。ローティの「文化左翼」についての議論は、Rorty, R. 1998, *Achieving Our Country: Leftist Thought in Twentieth-Century America*, Harvard University Press.〔小澤照彦訳『アメリカ未完のプロジェクト――20世紀アメリカにおける左翼思想』晃洋書房、二〇〇〇年〕。また渡辺幹雄『リチャード・ローティ＝ポストモダンの魔術師』(講談社学術文庫、二〇一二年) の第五章などを参照。

(21) Rorty 1998, *op.cit.*, 90.〔日本語訳九六―七頁〕。

(22) ローティの見解については、主に次の文献を参照。Rorty, R. 1979, *Philosophy and the Mirror of Nature*, Princeton University Press.〔野家啓一監訳『哲学と自然の鏡』産業図書、一九九三年〕。Rorty, R. 1989, *Contingency, irony, and solidarity*, 3th edition, Cambridge University Press.〔齋藤純一・山岡龍一・大川正彦訳『偶然性・アイロニー・連帯――リベラル・ユートピアの可能性』岩波書店、二〇〇〇年〕。Rorty, R. 1999, *Philosophy and Social Hope*, Penguin.〔須藤訓任・渡辺啓真訳『リベラル・ユートピアという希望』岩波書店、二〇〇二年〕。

(23) Rorty 1989, *op.cit.*, 53-4.〔日本語訳一一四―五頁〕。

(24) Rorty, R. eds. 1967, *The Linguistic Turn: Recent Essays in Philosophical Method*, Chicago, Il.: University of Chicago Press.

(25) Rorty 1989, *op.cit.*, 94.

(26) Shklar, J. 1998, Liberalism of Fear, In Stanley Hoffman ed., *Political Thought and Political Thinkers*, University of Chicago Press.

(27) 現代思想に詳しい方であれば、デリダとローティという思想家の発想をくみあわせることに違和感を覚えるかもしれない。実際に、デリダとローティは、ムフが主催したシンポジウム「脱構築とプラグマティズム」で激しい論争をかわしている (Mouffe, C. ed. 1996, *Deconstruction and Pragmatism*, Routledge.〔青木隆嘉訳『脱構築とプラグマティズム――来たるべき民主主義』法政大学出版局、二〇〇二年〕。しかし、両者が折り合わないというのは、ローティ側からみたデリダ像であるように思われる。デリダ自身は、脱構築とプラグマティズムのモチーフの共通性を認めているからである（*op.cit.*, p.80〔日本語訳一四九頁〕）。

第三章

（28）ローティの教育論については、柳沼良太『ローティの教育論——ネオ・プラグマティズムからの提言』八千代出版、二〇〇八年を参照。

（29）Solomon, R. 2003, *What is an Emotion: Classic and Contemporary Readings?*, Oxford University Press.

（30）遠藤利彦「感情の機能を探る」、藤田和生編『感情科学』京都大学学術出版会、二〇〇七年。

（31）たとえば遠藤、前掲論文、三頁。

（32）北村英哉・木村晴編『感情研究の新展開』ナカニシヤ出版、二〇〇六年、一一頁。

（33）北村・木村編、前掲書、一三―四頁。大平英樹編『感情心理学・入門』有斐閣アルマ、二〇一〇年、五―六頁。

（34）Damasio, A. 1994, *Descartes' error: Emotion, reason, and the human brain*, Putnam. 乾敏郎『感情とはそもそも何なのか——現代科学で読み解く感情のしくみと障害』ミネルヴァ書房、二〇一八年。

（35）Damasio, A. 2003, *Looking for Spinoza: Joy, Sorrow and the Feeling Brain*, London: William Heinemann, 10.

（36）以下、スピノザのテクストは、ルドルフ・マイヤーがホームページ上にアップロードしているものを使用している。Spinoza, B. 1677, *Ethica: Ordine Geometrico Demonstrata*, Editionem hypertextualem curavit Rudolf W. Meijer, Pars III. Definitiones III. https://home.kpn.nl/rudolf.meijer/spinoza/index.html（二〇一九年六月最終アクセス）.〔工藤喜作・斎藤博訳『エティカ』中公クラシックス、二〇〇七年、一七六頁〕。

（37）Mouffe, C. 2018, *For a Left Populism*, Verso, 73-4.〔山本圭・塩田潤訳『左派ポピュリズムのために』明石書店、二〇一九年、九九―一〇〇頁〕。

（38）ここで「他者」（l'autre）とは、人間のことだけをいうわけではない。「他者」には、物質や自然、動物にくわえて、概念といったものまで含まれている。デリダの著作の日本語訳では、「他」や「他なるもの」という訳語があてがわれることも多い。こうした訳語のほうがデリダの意図にかなっているように思われるが、本書のテーマである「友」と「敵」は人間であることが多いので、「他者」とよぶこととしたい。

（39）高橋哲哉『デリダ――脱構築』講談社、一九九八年、一三一―二頁。

（40）哲学用語でいうと「実体」（οὐσία ウーシア）。Derrida, J. 1967a, *L'écriture et la différence*, Aux Éditions du Seuil, 149.〔合田正人・谷口博史訳『エクリチュールと差異〈新訳〉』法政大学出版局、二〇一三年、一九七頁〕。

（41）Lévinas, E. 1961=1971, *Totalité et infini: Essai sur l'extériorité*, Original edition: Martinus Nijhoft, 1971, Kluwer Academic, 217.〔熊野純彦訳『全体性と無限〈下〉』岩波文庫、二〇〇五年、四一頁〕。

（42）Derrida 1967a, *op.cit.*, 171.〔日本語訳二二七―八頁〕。

（43）Derrida 1967a, *op.cit.*, 172.〔日本語訳二二八頁〕。

（44）Derrida 1967a, *op.cit.*, 183.

（45）Derrida, j. 1987, *Psyché: inventions de l'autre*, Éditions Galilée, 53.〔藤本一勇訳『プシュケー――他なるものの発明〈Ⅰ〉』岩波書店、二〇一四年、五八頁〕。

（46）Derrida, J. 1997a, *De l'hospitalité: Anne Dufourmantelle invite Jacques Derrida à répondre*, Calmann-Lévy, 29.〔廣瀬浩司訳『歓待について――パリのゼミナールの記録』産業図書、一九九九年、六四頁〕。

（47）ギリシア語の「アポリア」（ἀπορία）には、通行しにくいこと、手段や方法がないこと、また困惑、逡巡、欠乏、困窮、困難、難局、難問といった意味がある。当初、デリダは、アリストテレス論から「アポリア」をとりあげたが、後にアポリアの「通行しにくい」という含意を強調するようになった。「二つの歓待のアポリア」とは、通行しにくいところを越えていくということである。

（48）Derrida, J. 1997b, *Adieu: à Emmanuel Lévinas*, Éditions Galilée, 49.〔藤本一勇訳『アデュー――エマニュエル・レヴィナスへ』岩波書店、二〇〇四年、三五頁〕。

（49） Derrida 1997b, *op.cit.*, 55.〔日本語訳四一頁〕。

（50） Derrida 1997b, *op.cit.*, 56.〔日本語訳四二頁〕。

（51） レヴィナスの「感受性」については、以下の二点を参照。Lévinas, E. 1961=1971, *op.cit.*〔日本語訳前掲〕。Lévinas, E. 1974, *Autrement qu'être ou au-delà de l'essence*, La Haye, Martinus Nijhoff.〔合田正人訳『存在するとは別の仕方であるいは存在することの彼方へ』朝日出版社、一九九〇年〕。なお、レヴィナスの「感受性」理解の変化については、鶴真一「レヴィナスにおける「感受性」について」（『宗教研究』77（4）、日本宗教学会、二〇〇四年）九九四―五頁が簡明である。

（52） 本書で使用するテクストは、Derrida, J. 1967b, *De La Grammatologie*, Les Éditions de Minuit.〔足立和浩訳『根源の彼方に――グラマトロジーについて〈上・下〉』現代思潮新社、一九七二年〕である。

（53） Rousseau, J-J. 1781=1983, *Essai sur l'origine des langues*, 1ère édition: avril. 53.

（54） ルソーの『言語起源論』の最新訳である増田真訳『言語起源論――旋律と音楽的模倣について』（岩波文庫、二〇一六年）のなかでは、frayeur は「恐怖」という言葉に訳されている。他方で、デリダの『グラマトロジー』を日本語訳した足立和浩は、「恐怖」とともに「驚愕」と訳している。

（55） Derrida 1967b, *op.cit.*, 391.

（56） Derrida 1967b, *op.cit.*, 393.〔日本語訳〈下〉二五七頁〕。

（57） *Loc.cit.*

（58） この点は、小原拓磨「他者と恐怖――デリダのルソー読解」（『文化』80（3）、東北大学文学会、二〇一七年）四八頁を参照。なお、小原とわたしでは、少しいい方に違いがある点に注意されたい。

（59） Derrida 1967b, *op.cit.*, 266-7.

（60） この議論については以下を参照。Derrida, J. 1977, *Limited inc: abc*…, Johns Hopkins University Press.〔高橋哲哉・増田一夫・宮崎裕助訳『有限責任会社』法政大学出版局、二〇〇二年〕。Derrida 1987, *op.cit.*, 175-6.〔日本語訳〈I〉二三五―六頁〕。

（61） Derrida 1997b, *op.cit.*, 28-30.〔日本語訳九―一一頁〕。

（62）déconstruction は、ハイデッガー『存在と時間』のなかで形而上学批判の際に使用された Destruktion（破壊）もしくは Abbau（解体）という言葉を、デリダがフランス語に翻訳する際に用いたことからきている。デリダは、Destruktion のフランス語訳 destruction にある破壊性のような否定的なニュアンスを避けるために、フランス語で分離をあらわす dé と、construction がくみあわさった déconstruction という、それまで一般的ではなかった用語をあてたのである（Derrida, J. 1987, *Psyché: inventions de l'autre*, Éditions Galilée, 388.〔藤本一勇訳『プシュケー——他なるものの発明〈Ⅱ〉』岩波書店、二〇一九年、三頁〕）。

（63）過去に流布していた言葉を再構築し、再利用することを意味する。

（64）使用するテクストは、Derrida, J. 1994, *Politiques de l'amitié suivi de L'oreille de Heidegger*, Éditions Galilée.〔鵜飼哲・大西雅一郎・松葉祥一訳『友愛のポリティックス〈1・2〉』みすず書房、二〇〇三年〕である。

（65）本論のアリストテレスの一文は、ディオゲネス・ラエルティオス『ギリシア哲学者列伝』のなかで、アリストテレスの発言として紹介された箇所をさらにモンテーニュが引用したものである。ただし、本文では、デリダのテクストから引用した箇所を再引用している。理由は次による。
　哲学史研究では、原典の解読からアリストテレスの同文は「多くの友をもつ者は、一人の友もいない」という意味だと解明されている。この点をもってアガンベンは、デリダの読解は、哲学史研究をふまえていないと批判したことがある（宮崎裕助「呼びかけとしての友愛、哀悼としての友愛」『現代思想』二月臨時増刊号、青土社、二〇一五年、二五八頁）。ただし本章は、デリダの議論を読みといているので、哲学史研究からの批判は、ひとまず措いておきたい。このため、引用もすべてデリダの文献からすることとしたい。

（66）Derrida 1994, *op.cit.*, 11.〔日本語訳〈1〉一三頁〕。

（67）Derrida 1994, *op.cit.*, 45.　なお日本語訳では、ドイツ語の vielleicht あるいはフランス語の peut-être を「おそらく」と訳している（たとえば日本語訳五三頁）。だが vielleicht や peut-être は、後で述べるように「未来への開き」という意味としてデリダは理解していると思われるので、日本語訳ではそのような含意がわたしには強いと感じられる「もしかすると」を採用することにした。

（68）Derrida 1994, *op.cit.*, 51.
（69）Derrida 1994, *op.cit.*, 175.
（70）Derrida 1994, *op.cit.*, 170.〔日本語訳〈1〉二三〇頁〕。
（71）Schmitt, C. 1950, *Ex Captivitate Salus*, Greven Verlag, Köln, 89.
（72）Derrida 1994, *op.cit.*, 188.
（73）Derrida 1994, *op.cit.*, 276.〔日本語訳〈2〉八四頁〕。
（74）*Loc.cit.* デリダによると、歴史的に哲学者が考えてきた「友」「友愛」は、どういうわけか兄弟愛や家族愛のイメージで語られることが多い。デリダは、こうした「友」「友愛」のイメージを政治体制と類推して考えている。たとえば平等な兄弟愛は民主主義のイメージであり、父と子の上下関係は君主制の類推といった具合にである。デリダは、こうした兄弟愛的・家族愛的な「友愛」には、なぜか女性がかえりみられることがないため、「男性ロゴス中心主義」であると批判している。
（75）Derrida 1994, *op.cit.*, 262.〔日本語訳〈2〉六六―七頁〕。
（76）*Loc.cit.*〔日本語訳〈2〉六七頁〕
（77）Mouffe, C. ed. 1996, *Deconstruction and Pragmatism*, Routledge, 13.〔青木隆嘉訳『脱構築とプラグマティズム――来たるべき民主主義』法政大学出版局、二〇〇二年、二四頁〕。
（78）Mouffe ed. 1996, *op.cit.*, 79.〔日本語訳一四七頁〕。
（79）以下、Derrida, J. 2005, *Apprendre à vivre enfin Entretien avec Jean Birnbaum*, Éditions Galilée/ Le Monde.〔鵜飼哲訳『生きることを学ぶ、終に』みすず書房、二〇〇五年〕による。またLe Monde, 12/10/2004, Jacques Derrida. http://medias.lemonde.fr/medias/pdf_obj/sup_pdf_derrida_111004.pdf（二〇一九年六月一六日最終アクセス）も参照。
（80）Derrida 2005, *op.cit.*, 54.〔日本語訳六三―四頁〕。
（81）「喜び」のもとの語jouissanceは、ラカン用語だと「享楽」、前述のデリダの日本語訳だと「快楽」と訳されているが、ここでは「喜び」と訳した。
（82）Derrida 2005, *op.cit.*, 55.〔日本語訳六四頁〕。
（83）原文ママ。la démocratie à venir かと思われる。

(84) 原文ママ。ça peut venir かと思われる。

(85) Mouffe ed. 1996, *op.cit.*, 85.〔日本語訳一五九頁〕。

第六章

(86) Derrida, J. 1994, *Politiques de l'amitié suivi de L'oreille de Heidegger*, Éditions Galilée, 262.〔鵜飼哲・大西雅一郎・松葉祥一訳『友愛のポリティックス〈2〉』みすず書房、二〇〇三年、六七頁〕。

(87) Culture On The Edge, 17/03/1997=14/02/2014, An Interview With Jacques Derrida. https://edge.ua.edu/monica-miller/the-love-in-deconstruction-2/（二〇一八年七月一二日最終アクセス）

(88) Cheah, P. and Guerlac, S. eds. 2009, *Derrida and The Time of The Political*, Duke University Press, Introduction.〔藤本一男・澤里岳史編訳『デリダ――政治的なものの時代へ』岩波書店、二〇一二年、序章〕。

(89) たとえば、Derrida, J. 1987, *Psyché: inventions de l'autre*, Editions Galilée, 391.〔藤本一勇訳『プシュケー――他なるものの発明〈Ⅱ〉』岩波書店、二〇一九年、六頁〕。

(90) Benvenist, E. 1950=1966, *Problèmes de linguistique générale 1*, Gallimard, 172.〔岸本通夫監訳『一般言語学の諸問題』みすず書房、一九八三年、一六九頁〕。

(91) 以下は、森田亜紀『芸術の中動態――受容／制作の基層』（萌書房、二〇一三年）の序文を西島の解釈によって改変したものである。

(92) 國分功一郎『中動態の世界――意志と責任の考古学』医学書院、二〇一七年。

(93) Derrida, J. 1972, *Marges, de la philosophie*, Les Éditions de Minuit, 9.

(94) Derrida 1987, *op.cit.*, 391.〔日本語訳六頁〕。

(95) 國分功一郎・大澤真幸「國分功一郎×大澤真幸「中動態と自由」」読書人ウェブ第３１９５号、代官山蔦屋書店、二〇一七年。

(96) 宮台真司・二村ヒトシ『どうすれば愛しあえるの――幸せな性愛のヒント』ベストセラーズ、二〇一七年、第3章。

(97) 國分、二〇一七、前掲書。國分功一郎・熊谷晋一郎「「中動態」と「当事者研究」がアイデンティティを更新する理由」Wired、二〇一七年。

（98） Spinoza, B. 1677, *Ethica: Ordine Geometrico Demonstrata*, Editionem hypertextualem curavit Rudolf W. Meijer, Pars III. Definitiones III.〔工藤喜作・斎藤博訳『エティカ』中公クラシックス、二〇〇七年、一七六頁〕。なお、「十全な原因」とは、理由が明確であることをいう（*Loc.cit.*）。感情とは「われわれ」のほうに原因が明確な場合は能動であり、そうではない場合は受動という意味である。

（99） バンヴェニストやクライマンによると、古代インドの言語学者パーニニによる中動態の概念規定として自分自身への指向があるという（Benvenist, E. 1950=1966, *Problèmes de linguistique générale 1*, Gallimard, 170.〔岸本通夫監訳『一般言語学の諸問題』みすず書房、一九八三年、一六七頁〕。Klaiman, M.H. 1988, Affectedness and Control: a typology of voice systems, In Masayoshi Shibatani ed. 1988, *Passive and Voice*, John Benjamins Publishing Company, 33-4.）。小田切は、これを「自分のために……する」と述べている（小田切建太郎『中動態・地平・竈――ハイデガーの存在の思索をめぐる精神史的現象学』法政大学出版局、二〇一八年、五―六頁）。このような規定は、現代の古典ギリシア語文法書にも見受けられる。

（100） ブノワ・ペータース著、原宏之・大森晋輔訳『デリダ伝』白水社、二〇一四年、一七二頁。

第七章

（101） Schmitt, C. 1932=1963, *Der Begriff des Politischen*, Duncker & Humblot, Berlin, 69-70.〔田中浩・原田武雄訳『政治的なものの概念』未来社、一九七〇年、九〇頁〕。

（102） Mouffe, C. 2005, *On the Political*, Routledge, 11.〔酒井隆史監訳・篠原雅武訳『政治的なものについて――闘技的民主主義と多元主義的グローバル秩序の構築』明石書店、二〇〇八年、二六頁〕。

（103） 固有名がなにかについては言語哲学的な議論の蓄積がある。ラッセルやフレーゲが提起した確定記述論では、固有名は確定記述（述語）の束と考えられていた。だが、この議論はKripke, S. 1972=1980=2001, *Naming and Necessity*, Twelfth edition, Harvard University Press.〔八木沢敬・野家啓一訳『名指しと必然性――様相の形而上学と心身問題』産業図書、一九八五年〕によって批判されている。クリプキによると、固有名とは可能世界をつらぬく固定指示詞である。この考え方によると、あらゆる可能世界において個を指し示すのが固有名の性質であり、固有名は確定記述論のように述語によって定義することはできない。本書の固有名は、このクリプキの固有名論の考え方に影響を受けている。後で述べるように、固有名の述語は想像するしかなく、確定記述論のように述語として定義できるとは考えられないからである。

(104) Schmitt, C. 1932=1963, *Der Begriff des Politischen*, Duncker & Humblot, Berlin, 29.〔田中浩・原田武雄訳『政治的なものの概念』未来社、一九七〇年、一九―二〇頁〕。

(105) 以下、Derrida, J. 1994, *Politiques de l'amitié suivi de L'oreille de Heidegger*, Éditions Galilée, Ch.4-6.〔鵜飼哲・大西雅一郎・松葉祥一訳『友愛のポリティックス〈1〉』みすず書房、二〇〇三年、第四―六章〕による。

(106) Schmitt 1932, *op.cit.*, 69-70.〔日本語訳九〇頁〕。

第八章

(107) 以下、Fromm, E. 1941=1969, *Escape From Freedom*, Twenty-sixth Printing, Holt, Rinehart and Winston.〔日高六郎訳『自由からの逃走』東京創元社、一九五一＝二〇一七年〕による。

(108) たとえば、小熊英二・上野陽子『〈癒し〉のナショナリズム――草の根保守運動の実証研究』慶應義塾大学出版会、二〇〇三年。安田浩一『ネットと愛国――在特会の「闇」を追いかけて』講談社、二〇一二年。谷口将紀・水島治郎編著『ポピュリズムの本質――「政治的疎外」を克服できるか』中央公論新社、二〇一八年。

(109) Adorno, T.W., Frenkel-Brunswik, E., Levinson, D.J., Sanford, R.N. 1950=1969, *The Authoritarian Personality*, The Norton Library, W.W. Norton & Company INC, 973.〔田中義久・矢沢修次郎・小林修一訳『権威主義的パーソナリティ』青木書店、一九八〇年、四九五頁〕。

(110) Tarde, G. 1890=1895, *Les Lois de l'imitation*, 2e édition, 13.〔池田祥英・村澤真保呂訳『模倣の法則』河出書房新社、二〇〇七年、一二頁〕。

(111) Deleuze, G. et Guattari, F. 1980, *Mille Plateaux: Capitalisme et schizophrénie*, Les Éditions de Minuit, 267.〔宇野邦一・小沢秋広・田中敏彦・豊崎光一・宮林寛・守中高明訳『千のプラトー――資本主義と分裂症〈中〉』河出文庫、二〇一〇年、一一八頁〕。

(112) 石田英敬・東浩紀『新記号論――脳とメディアが出会うとき』ゲンロン、二〇一九年、二九三―六頁。

(113) Deleuze, G. 1968=1989, *Différence et Répétition*, Presses Universitaires de France, 6e édition, 145.〔財津理訳『差異と反復』

河出書房新社、一九九二年、一七四―五頁〕。

（114）くわえてドゥルーズは、本書の第四章の後半で述べたデリダの反復のように、「反復」による生成変化をも論じているのだが、ここでは措いておくこととしたい。

（115）Tarde 1890=1895, *op.cit.*, 94-5.〔日本語訳一二〇頁〕。

（116）Spinoza, B. 1677, *Ethica: Ordine Geometrico Demonstrata*, Editionem hypertextualem curavit Rudolf W. Meijer, Pars III. Propositio XXVII.〔工藤喜作・斎藤博訳『エティカ』中公クラシックス、二〇〇七年、二一四頁〕。

（117）Kramer, A., Guillory, J. and Hancock, J. 2014, Experimental evidence of massive-scale emotional contagion through social networks, PNAS 111(24), 8788-90. なお、この研究は、フェイスブックのユーザーの許可なく行われたものであり、大きな批判を招いた。

（118）使用するテクストは、Negri. A. and Hardt. M. 2012, *Declaration*, Argo-Navis.〔水嶋一憲・清水知子訳『叛逆――マルチチュードの民主主義宣言』ＮＨＫブックス、二〇一三年〕である。

（119）Negri and Hardt 2012, *op.cit.*, 33.〔日本語訳六五―六頁〕。

（120）より詳細にいうと次のようになる。まずネグリらのいう「特異なもの」とは、「特異性・単独性」と訳されるドゥルーズのsingularitéからきている。ドゥルーズの「特異性」とは、同一性の反対であり、ある存在が潜在的にいかようにも生成変化しうる傾向・性質のことである。特異性の一つの出来事が特異点であり、特異点は、ほかの特異点と系列（série）をつくり、系列はまたほかの系列と構造（structure）をつくる。後述するように、差異の政治やアイデンティティ・ポリティクスに配慮するネグリらの議論は、ドゥルーズの哲学を運動論に適用したものとなっている。

わたしのネグリらへの疑問は次のようなものだ。特異性の生成変化に「友」と「敵」が含まれるのであれば、さまざまな特異性からなる集合的な主体などというものはありえない。今日、「友（敵）」であるものが、明日には「敵（友）」になるかもしれないという決定不可能性があれば、わたしは「友」とともに「叛逆」するなどといったことがなぜできるのだろうか。

特異性がいかようにも変化しうるものだとするならば、そのなかには「友」と「敵」も含むはずである。ネグリらの述べる集合的主体は、本当に「特異なもの」といえるのだろうか。同じ疑問は「偶発性」を前提とするムフについてもいえる。

（121）Negri and Hardt 2012, *op.cit.*, 17-8.〔日本語訳三九頁〕。

(122) *Loc.cit.*

(123) Negri and Hardt 2012, *op.cit.*, 32-3.

(124) Negri, A. and Hardt, M. 2009, *Commonwealth*, Harvard University Press, 236.〔水嶋一憲監訳、幾島幸子・古賀祥子訳『コモンウェルス――〈帝国〉を超える革命論〈下〉』ＮＨＫブックス、二〇一二年、六三頁〕。

(125) Spinoza, *op.cit.*, Pars III, Propositio XXVII.〔日本語訳二〇九頁〕。

(126) *Loc.cit.*

(127) Negri and Hardt 2012, *op.cit.*, 1.〔日本語訳九頁〕

(128) この点については、廣瀬純・小泉義之「アンダークラスの視座から撃て（後編）」人民新聞オンライン、二〇一六年を参照。https://jimmin.com/legacy/htmldoc/157101.htm（二〇一八年一二月五日最終アクセス）

(129) Lévinas, E. 1947=2002, *De l'existence à l'existant*, 2e édition, Librairie Philosophique Vrin, 162.

(130) Derrida, J. 1992, *Donner la mort*, Éditions Galilée.〔廣瀬浩司・林好雄訳『死を与える』ちくま学芸文庫、二〇〇四年〕。

(131) Deleuze et Guattari 1980, *op.cit.*　なおドゥルーズ＝ガタリにおいては、「分子状」もかならずしも肯定的に語られているわけではない。

(132) フロム、レヴィナス、デリダは三人ともユダヤ系の家系出身でもあり、各々がなんらかの形でナチズムやファシズムの被害を受けている。かれらの集団的なものへの警戒は、ナチズムやファシズムを彷彿とさせているから、と述べるのはいいすぎだろうか。

(133) Fromm, E. 1956=7, *The Art of Living*, George Allen & Unwin Ltd, 13.〔鈴木晶訳『愛するということ〈新訳版〉』紀伊國屋書店、一九九一年、三〇頁〕。

(134) Fromm 1956, *op.cit.*, 112.〔日本語訳一六七頁〕。

(135) Culture On The Edge, 17/03/1997=14/02/2014, An Interview With Jacques Derrida.

(136) 以下、Lawrence, D.H., Mara Kalnins ed. 1931=1996, *Apocalypse: Cambridge Laurence Edition*, Penguin Classics.〔福田恆存訳『黙示録論』ちくま学芸文庫、二〇〇四年〕による。

(137) 実際には「ヨハネの福音書」に「愛敵」の文言はない。

(138) Deleuze, G. 1993, *Critique et clinique*, Les Éditions de Minuit, 50.〔守中高明・谷昌親・鈴木雅大訳『批評と臨床』河出書房新社、二〇〇二年、七七頁〕。

(139) Deleuze 1993, *op.cit.*, 67.〔日本語訳一〇三―四頁〕。

終章

(140)「隠れながら」と述べたのは、一見すると、ムフやネグリ＝ハートも「偶然性・偶発性」(contingency) という言葉を肯定しているようにみえるからだ。ただし、かれらの述べる偶然性・偶発性とは、政治的な目標を達成するために友敵関係という定義を残しながら、「友」となれる人々を柔軟に切り替えていく、あるいは「友」を構成する人たちの属性が偶然的といった意味である。本書で述べる「偶然性」とは、かれらのような意味ではない。わたしが述べる偶然性とは、「友」と「敵」そのものが動揺させられていくような概念である。

(141) 伏見譲「生物における偶然と必然――生体高分子のゆらぎと選択」、竹内啓編『偶然と必然』東京大学出版会、一九八二年、一〇六頁。

(142) 偶然性には似たような言葉がほかにもある。「確率」もしくは「蓋然性」(probability)、「可能性」(chance) だ。これらがどう違うのかは論者によって異なる。わたしが述べている偶然性とは、contingency と chance であり、この二つの意味を区別していない。なお、蓋然性と偶然性がどのように違うのかは、本論で述べていくこととしたい。

(143) カント以前の必然性は、アリストテレスやライプニッツが展開しているような形而上学的必然性も範疇にいれられていた。「形而上学的必然性」とは、人間にはみえないが、神の目からみえる必然といったようなものである。ただカント以降は、こうした形而上学的必然性は排せられている。形而上学的必然性を本書で展開する必要はないかと思われるので、言及しないこととしたい。

(144) 以下は、九鬼周造『偶然性の問題』(岩波文庫、一九三五＝二〇一二年) の四八―九頁を西島が少し改変して述べたものである。

(145) 九鬼、同書、一三頁。

(146) 九鬼、同書、一三二―三頁。

（147）なお、デリダの同一性批判も、ヘーゲルの同一性が念頭に置かれていた。

（148）Rawls, J. 1971=1999, *A Theory of Justice*, Revised Edition, Harvard University press, 11.

（149）ロールズは、chance と contingency を区別していないように思われる。

（150）Yack, B. 2012, *Nationalism and the Moral Psychology of Community*, University of Chicago Press.

（151）こうした議論については（Nishjiima. Y. 2015, Book Reviw: BERNARD Yack Nationalism and the Moral Psychology of Community, *AGLOS*, vol.5, Global studies, Sophia University, 1-4）を参照。

（152）Smith, A. 1759=1790=2006, *The Theory of Moral Sentiments*, Six edition, MetaLibri, 4-6.〔水田洋訳『道徳感情論』筑摩書房、一九七三年、五―七頁〕。

（153）Rawls, *op.cit.*, 162-3.

（154）英語の empathy と sympathy は、ドイツ語の Einfühlung から複雑な影響をうけており、簡略的に述べるのは非常に困難であることから、割愛することとしたい。その諸相については、たとえば石丸昌彦「empathy について」、『桜美林論集』30、桜美林大学、二〇〇三年、二一―四一頁。Nowak, M. 2011, The Complicated History of Einfühlung, *Argument: Biannual Philosophical Journal* 1(2), 301-26. Schliesser, E. 2015, *Sympathy: A History*, Oxford University Press. などを参照。

（155）Hacking, I. 1990, *The Taming of Chance*, The Cambridge University Press.〔石原英樹・重田園江訳『偶然を飼いならす——統計学と第二次科学革命』木鐸社、一九九九年〕。

（156）ハッキングの chance は、定義が明確にされているわけではない。ただ、同書を読む限り、偶然性と蓋然性・確率の区別については、わたしの考えとそれほど大きな違いはないと思われる。

（157）Meillassoux, Q. 2006, *Après la finitude. Essai sur la nécessité de la contingence*, Seuil.〔千葉雅也・大橋完太郎・星野太訳『有限性の後で——偶然性の必然性についての試論』人文書院、二〇一六年〕。

（158）より詳細にいうと、ハッキングは、「偶然の飼いならし」の完成をパースに認めている。ところが、彼によると、同時にパースは偶然性にもっとも驚嘆した人物でもあったと評されている。

（159）Hacking 1990, *op.cit.*, 215.〔日本語訳二一八頁〕。

（160）Spinoza, B. 1677, *Ethica: Ordine Geometrico Demonstrata*, Editionem hypertextualem curavit Rudolf W. Meijer, Pars I.

Appendix.〔工藤喜作・斎藤博訳『エティカ』中公クラシックス、二〇〇七年、七五—六頁〕。

(161) ラテン語の stupor には、驚愕や仰天のほかに、無感覚、失神、昏睡、愚鈍、鈍間《のろま》といったニュアンスもある。

(162) Spinoza, *op.cit.*, Pars III. Propositio LII. Scholium.〔日本語訳二四八頁〕。

(163) *Loc.cit.*

(164) *Loc.cit.*

(165) スピノザによると、「驚き」はほかにも「尊敬」や「戦慄」にもなりうる（*Loc.cit.*）。

(166) Spinoza, *op.cit.*, Affectuum Definitiones. IV.〔日本語訳二六八頁〕。

(167) Spinoza, *op.cit.*, Pars III. Propositio LII.〔日本語訳二四八頁〕。

(168) Rorty. R. 1999, *Philosophy and Social Hope*, Penguin.〔須藤訓任・渡辺啓真訳『リベラル・ユートピアという希望』岩波書店、二〇〇二年〕。

(169) 東浩紀『存在論的、郵便的——ジャック・デリダについて』新潮社、一九九八年。

(170) 東浩紀『ゲンロン0——観光客の哲学』株式会社ゲンロン、二〇一七年、三四頁。

(171) この訳語は、バウマン思想を研究した中島によっている（中島道男『バウマン社会理論の射程——ポストモダニティと倫理』青弓社、二〇〇九年、二七頁）。本書としては一つ注解しなければならないだろう。destiny という「運命(性)」とも訳される語はどこか必然性を感じさせるかもしれないからである。本書でも第五章4節では運命性を必然性として論じている。だが、偶然性を擁護するバウマンの「運命性」を必然性として解釈するのは酷だろう。

　バウマンは多言語使用者であり、実際にどのような言語で destiny を考えていたのかはわからない。バウマンとは無関係な文脈だが、木田元は「運命性」について多様な解釈がありうると述べている（木田元『偶然性と運命』岩波新書、二〇〇一年、四六頁）。木田の理解では、「運命」とは、偶然的な個人と個人の邂逅・出会いを祝福するといった意味もあるという。バウマンの destiny もこのように理解するのがよいかと思われる。

(172) Bauman, Z. 1999, *In Search of Politics*, Polity Press, 17-8.〔中道寿一訳『政治の発見』日本経済評論社、二〇〇二年、二六—九頁〕

(173) Bauman, Z. 1991, *Modernity and Ambivalence*, Polity Press, 233-8.

(174) 東浩紀「震災は無数のコロを生みだした」、『ゆるく考える』河出書房新社、二〇一九年、所収。
(175) セーレン・キェルケゴール著、鈴木祐丞訳『死に至る病』第三版、講談社学術文庫、二〇一七年、四一頁。
(176) キェルケゴール、同書、七一頁。

索　引

《著者紹介》

西島　佑（にしじま　ゆう）

1984年　兵庫県生まれ
2017年　上智大学大学院グローバル・スタディーズ研究科国際関係論専攻博士後期課程満期退学
現在　上智大学総合グローバル学部特別研究員 PD

主要業績

『機械翻訳と未来社会――言語の壁はなくなるのか』（共編著、社会評論社、2019年）
「国家語の概念小史――19世紀半ばから20世紀前半のドイツ語圏、保科孝一、田中克彦までにおける――」（単著、『言語政策 13号』日本言語政策学会、2017年）
「虚淵玄の思想――「愛」と「救済」の不可能性という観点から――」（単著、『紀尾井論叢５』上智大学 Sapientia 会、2017年）
「「特異点」と「技術」からみる言語と社会の過去と未来――テイヤール・ド・シャルダンの思想をてがかりに」（単著、2015年度テイヤール・ド・シャルダン奨学金金賞論文、上智大学理工学部・大学院理工学研究科、2016年）。

友と敵の脱構築
――感情と偶然性の哲学試論――

2020年２月29日　初版第１刷発行　　＊定価はカバーに表示してあります

著　者　西　島　　佑©
発行者　植　田　　実
印刷者　藤　森　英　夫

発行所　株式会社　晃　洋　書　房
〒615-0026　京都市右京区西院北矢掛町７番地
電話　075(312)0788番(代)
振替口座　01040-6-32280

カバーデザイン・組版　㈱トーヨー企画　　印刷・製本　亜細亜印刷㈱

ISBN978-4-7710-3333-7